料理用
あま酒、
はじめ
ました。

舘野 真知子

Prologue
はじめに

　こうじは手作りするもの。そんな農家で育った私にとって、あま酒はとても身近な飲みものでした。祖母の作るあま酒は、毎回味わいが違って洗練されたものではなかったけれど、冬の時期にはストーブで温めたあま酒をおやつに飲むのが楽しみで、その温かくて甘い味の記憶は、私にとって大切な宝ものです。

　こうじで作るあま酒の魅力を挙げれば、きりがありません。「飲む点滴」といわれるように、栄養がバランスよく含まれ、さらに消化がよく、健康をサポートしてくれる食品です。そんなあま酒を、経験から取り入れていた古の日本人の知恵は素晴らしいなあと、あらためて感じています。

　あま酒を、飲むだけでなく料理に使うようになってからは、私のキッチンに欠かせない調味料のひとつになりました。あま酒を使うと、市販の調味料やドレッ

シング、たれの出番がだんだんと減り、冷蔵庫の中をすっきりさせるのにも役立ちました。

　和から洋食、エスニックまで幅広く使え、素材の味わいを生かしつつ、おいしさを引き出してくれるあま酒の奥深さには、料理をするたびに新しい驚きと発見があります。私が料理を学んだアイルランドの料理学校の恩師、ダリーナ・アレン氏の「Simple is the best!（＝素材を生かす料理をすること！）」という考えに通ずるところがあるのも、自信をもっておすすめできる理由です。

　こうした可能性を多くの方に伝えたくて、この本では、あえてあま酒を調味料に特化して使っています。レシピは家庭でおなじみの料理、手軽なメニューばかり。百聞は一見、いえいえ、一食にしかず。その驚きをぜひ味わってみてくださいね。

CONTENTS

- 002 　はじめに
- 008 　料理用あま酒って？
- 010 　料理用あま酒の作り方

012 　料理用あま酒 ここが素晴らしい！

- 020 　ほろほろ肉じゃが
  　　　チキンとかぶのホワイトシチュー
- 021 　ジューシー・ローストビーフ
  　　　アサリと小松菜のあま酒蒸し

料理用あま酒
ここが素晴らしい！ **1**

022 　砂糖の代わりに使って 栄養効果をプラス。

- 024 　ねぎ入り卵焼き
- 026 　鶏のフライパン照り焼き 青じそからめ
- 028 　しっとり豚しょうが焼き
- 030 　サバのあま酒みそ煮
- 032 　すき焼き あま酒だれ
- 034 　あま酒ピクルス

- 036 **絶品！あま酒ストックおかず**
  にんじんラペ／エスニックれんこんきんぴら／
  きのこと塩昆布の甘辛煮
- 038 **お手軽！あま酒あえおかず**
  かぶの梅おかか／いんげんのごまあえ／
  トマトと玉ねぎの酢の物／ほうれん草の白あえ

料理用あま酒
ここが素晴らしい！ **2**

040 小麦粉の代わりに使えば グルテンフリー。

- 042 じゃがいもとほうれん草の卵チーズグラタン
- 044 こうじチキンカレー
- 046 トマトのポタージュ ガーリックオイル
- 048 あま酒マーボー豆腐
- 050 タラの三つ葉きのこあん
- 052 **COLUMN 1** 知っておきたい、あま酒の栄養と文化

料理用あま酒
ここが素晴らしい！ **3**

054 素材がふんわり＆ やわらかくなる。

- 056 発酵タンドリーチキン
- 058 豚スペアリブと焼き大根のオイスターソース煮
- 060 サワラと豆腐のあま酒みそ漬け
- 062 ふんわりハンバーグ きのこデミソース
- 064 とろとろにら玉

料理用あま酒
ここが素晴らしい！ **4**

066 # だし効果で料理のうまみが
アップする。

068 厚切りベーコンのポトフ
070 あま酒ラタトゥイユ
072 あま酒しゃぶしゃぶ
074 タイのあま酒〆
076 鶏そぼろのごぼう炊き込みごはん
078 **COLUMN 2** スープ＆ドリンクに、ひとさじプラス

SEASONING
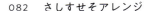

080 # 万能！ あま酒調味料。

082 さしすせそアレンジ
● さしすあま酒 → 大根とにんじんのりんご甘酢あえ
● 塩あま酒 → イカとしょうがの塩あま酒炒め
● しょうゆあま酒 → パプリカ炒め
● みそあま酒 → 焼きなすの田楽

084 あま酒ドレッシング
ベジドレッシング／フレンチドレッシング／
しょうがごまドレッシング

086 あま酒ソース
あま酒マヨネーズ／あま酒ケチャップ／
あま酒スタミナだれ／あま酒ジャム

SWEETS

090 上品スイーツが、お手の物。

092 ピーナッツバナナジェラート
094 あま酒ミルクプリン
096 あま酒クレームダンジュ いちごソース
098 かぼちゃのババロア 豆乳練乳ソース
100 あま酒白玉のおしるこ

IDENTITY

102 こうじの個性を楽しもう。

104 こうじのパワーが生まれる場所へ。
114 こうじ屋さんのあま酒レシピ
118 ご当地あま酒&こうじ

122 料理用あま酒Q&A

126 おわりに

[この本の使い方]

- 大さじ1は15㎖、小さじ1は5㎖、1カップは200㎖です。
- ここで使う料理用あま酒は、白砂糖1/5量と同じくらいの甘さです。
  使用するあま酒によって、レシピの分量を加減してください。
- 油は特に種類を指定していない場合、好みの植物油をお使いください。
- 洗う、皮をむくなど、基本的な下ごしらえは作り方に入れてありません。
- 電子レンジは600Wのものを使用しています。
- 調理時間、保存期間などは目安です。状況に応じて調整してください。

What is Cooking amazake?
料理用あま酒って？

料理用あま酒とは、米こうじと湯だけで作るあま酒。
料理に使いやすいように
飲むあま酒よりも少し濃厚に仕上げます。

ところで、あま酒には2つ種類があるってご存じですか？
この本で紹介する、こうじで作るものと
酒粕に砂糖などを加えて作るものがあります。
その名のとおりどちらも甘いけれど
こうじで作るあま酒の甘さは
こうじの力で米を発酵させることで生まれたもの。
ごはんをかんだときに感じるのと同じ自然の甘みで
アルコール分は含まれません。

ここでは、どの家庭にもある
保温ボトルを使った簡単な作り方を紹介します。
ポイントは、こうじ菌が元気に働く60℃程度をキープすること。
分量どおり、時間どおりに作れば失敗することはありません。
材料と道具をそろえて、さあ、始めましょう。

How to make Cooking amazake
料理用あま酒の作り方

保温ボトルで作ってみましょう

全体的に沸き立つのではなく、鍋の縁だけが泡立った状態。

1 材料と道具
（約450ml分）

乾燥米こうじ 150g（生こうじの場合は200g）、湯（60～62℃）300ml、保温ボトル（500ml以上）、温度計

4 加熱する

一度鍋に移し、弱火で1分ほど、鍋の縁がふつふつと泡立つまで加熱し、60℃まで温度を上げる。

2 こうじを入れる

保温ボトルに熱湯を注ぎ、あらかじめ温めておく。湯を捨て、手でほぐした米こうじを入れる。

5 ボトルに戻す

もう一度ボトルに戻し入れ、さらに3～4時間おく。寒い時期は、なるべく温かい場所におく。

3 お湯を注ぐ

60～62℃の湯を注ぎ入れ、ふたを閉めて全体がなじむように振り混ぜたら、温かいところに3～4時間おく。

6 完成！

ほんのり黄みを帯び、甘みが出ていたら完成。密閉保存容器に入れ、冷ます。

温度の管理には、デジタルの温度計が見やすくて便利。

保存方法

糖度が高くカチカチに固まらないので、とり出しやすい。

冷蔵庫で

保存：2〜3日

すぐに使う場合は、粗熱をとって冷蔵庫へ。納豆などのほかの菌に影響されるので、必ず清潔な密閉容器に入れること。

冷凍庫で

保存：2〜3カ月

保存は冷凍庫が安心。品質が変わりにくく味を均一に保て、糖度も上がる。清潔な密閉保存袋に入れ、平らにならす。

[ペースト状にすると……]

甘みと粘度が増します

完成したあま酒をブレンダーやミキサーにかけて、なめらかなペースト状にしても。糖度と粘度が増し、つぶつぶもなくなるので、料理を選ばずに使うことができる。料理レシピでの使用量は、つぶ状タイプと同量でOK。

[炊飯器で作る場合は……]

1 材料を入れる

炊飯器に、ほぐした乾燥米こうじ200gと湯（60℃）400㎖を入れ、さっと混ぜる。生こうじを使う場合も同量でOK。

→

2 保温する

ふたを開けたままぬれ布巾をかけ、6時間保温する。途中で1〜2度混ぜ、温度が下がったらふたをして60℃に上げる。

料理用あま酒
ここが素晴らしい!

1

砂糖の代わりに使って栄養効果をプラス。

こうじで作るあま酒が甘いのは、発酵の力。こうじ菌の働きでお米のデンプンが分解され、ブドウ糖や麦芽糖、オリゴ糖に変化するからです。さらに、その発酵の力で、アミノ酸やビタミン類、食物繊維など、砂糖にはない栄養成分が生まれます。話題のシュガーフリーとは、精製されて栄養素を失った、ただの添加物ともいえる白砂糖から、ヘルシーな甘みに代えようという考え。まさに、あま酒はシュガーフリーな甘み。体にもいいのです。

> たとえば

肉じゃが

奥深く本格的な味に。しかもほろほろです。

複数の糖が含まれるあま酒は、やさしくてまろやかでキレのいい甘み。その甘みが味に奥行きを与え、特別なテクニックがなくても、いつもの肉じゃがを本格的な味に仕上げてくれます。糖のひとつである麦芽糖には、適度な水分とともに味を浸透させる作用があるので、短時間でじゃがいもに味がしみ込み、煮崩れず、煮しまらず、ほろほろの食感に！ また、キレのある甘さには、食べ飽きにくい、という利点もあります。

レシピはP20へ

料理用あま酒
ここが素晴らしい!

2

小麦粉の
代わりに使えば
グルテンフリー。

あま酒には、ゆるめながらも粘度があります。だから、あま酒を調味料として使うだけで、わざわざ小麦粉や片栗粉を使わなくても、自然なとろみをつけることができるのです。とろみづけは意外と手間がかかり、失敗もしがち。調理をシンプルにし、上手に仕上げるうえでも、あま酒を使うのは有効です。シュガーフリーと同様、健康づくりやアレルギー対策にグルテンフリーを志向する人たちにも、あま酒がひと役買ってくれます。

あま酒は
ペーストタイプが
おすすめ

(たとえば)

ホワイトシチュー

ルーに頼らず、おいしくできちゃいます。

ホワイトソースをいちから手作りしようとすると、ダマになったり、粉っぽくなったり……。かといって、いつもルーに頼るのもなんだか不本意。そんなとき、あま酒なら、加えるだけでなめらかに仕上がります。野菜と牛乳と合わさることで、じんわりやさしい甘さにも。また、あま酒が乳製品特有のくさみを抑えてくれるので、苦手な人でもおいしくいただけます。お米のパワーで体の芯から温まるのもいいところ。

レシピはP20へ

料理用あま酒
ここが素晴らしい！

3

素材が
ふんわり＆
やわらかくなる。

あま酒には、たんぱく質を分解する酵素が含まれています。そのため、肉、魚介、卵などのたんぱく質食材に加えると、ふんわり＆やわらかに。さらに、麦芽糖が味とともに水分を引き入れてくれるので、食材がパサパサにならず、しっとりジューシーに仕上がります。その食感は、冷めても持続するからスゴイ。調味料として加えるだけなので、手間が増えないのもうれしい点。「料理の腕が上がった？」なんてほめられること確実です。

ローストビーフ

肉がしっとり。味もよ～くしみ込みます。

あま酒のいいところは、素材を必要以上にやわらかくするのではなく、肉らしい弾力のある食感は残してくれること。中まで味がよくしみ込んで、肉質はしっとり。そして、甘みが悪目立ちすることなく、むしろ肉本来の味を際立たせ、縁の下の力持ちに徹してくれるのです。かたまり肉の調理の難しさのほとんどを解消してくれる、といっても過言ではありません。みんなに喜ばれる、パーティにぴったりのごちそうになります。

レシピはP21へ

料理用あま酒
ここが素晴らしい!

4

だし効果で料理のうまみがアップする。

こうじの力がお米のデンプンを分解し、ブドウ糖に変化させるのと同じように、お米のたんぱく質は複数のアミノ酸へと分解されます。ご存じのとおり、アミノ酸といえばうまみ成分。あま酒を入れると料理のうまみが倍増するのは、そのためです。うまみがしっかりしていれば、塩分をひかえてもおいしく感じるし、そもそもアミノ酸は体に大切な栄養素。あま酒を料理に使ってうまみを加えることには、多彩なメリットがありそうです。

(たとえば)
魚介の酒蒸し

手間も調味料も省け、ノンアルコールです。

あま酒のうまみは、魚介のうまみと重ねると相乗効果で何倍にもなり、えも言われぬおいしさに出合えます。味つけはあま酒と少しのしょうゆだけで、材料を入れたらあとは鍋まかせ。調味料も調理法もシンプルなのに、酒で蒸したときより、アサリ自身も濃厚な味わいになります。甘さが気にならないのも不思議。塩分ひかえめの蒸し汁は、安心して最後まで飲み干せます。ブイヤベースやアクアパッツァなどにも応用しましょう。

レシピはP21へ

P13の肉じゃが
ほろほろ肉じゃが

【 材料／2人分 】

牛薄切り肉…100g
じゃがいも…中2個
玉ねぎ…1/2個
にんじん…1/4本
絹さや…4枚
しょうがの薄切り（皮つき）…1枚
あま酒…大さじ6
塩・ごま油・しょうゆ

【 作り方 】

1. 牛肉は食べやすい大きさに切る。じゃがいもは大きめのひと口大に切り、水にさっとさらして水けを切る。玉ねぎは6等分のくし形に切り、にんじんは乱切りにする。絹さやは塩ひとつまみを加えた熱湯でさっとゆで、冷水にとって水けを切り、斜め2等分に切る。

2. 鍋にごま油小さじ1を中火で熱し、玉ねぎ、にんじんの順に加え、しんなりするまで炒める。牛肉を加えてさらに炒め、水200㎖、しょうがを加えてふたをし、弱火で7～8分煮る。

3. 2の野菜に半分ほど火が入ったらじゃがいも、あま酒、しょうゆ大さじ2を加えてふたをし、汁けが半分ほどになるまで煮る。器に盛り、絹さやを添える。

P15のホワイトシチュー
チキンとかぶの
ホワイトシチュー

【 材料／4人分 】

鶏もも肉…1枚　　　にんにく…1片
玉ねぎ…1/2個　　　ローリエ…1枚
にんじん…1/2本　　**あま酒**…200㎖
しめじ…1/2パック　牛乳…150㎖
かぶ…中2個　　　バター・塩・こしょう

【 作り方 】

1. 鶏肉は大きめのひと口大に切る。玉ねぎはくし形切り、にんじんは1cm厚の輪切り、にんにくはみじん切りにし、しめじは小房にほぐす。かぶは茎を少し残してくし形切りに、葉は3cm幅に切る。

2. 厚手の鍋にバター10gとにんにくを弱火で熱し、香りが立ったら鶏肉を加え、色が変わるまで中火で炒める。玉ねぎ、にんじん、しめじ、かぶを順に加えて炒め合わせ、しんなりしたら水200㎖とローリエを加え、アクをとりながら弱火で5分ほど煮る。

3. あま酒を加えてふたをし、弱火で7分ほど煮る。火が通ったら塩小さじ1、こしょう少々で調味し、かぶの葉と牛乳を加え、5分ほど煮る。

P17のローストビーフ

ジューシー・ローストビーフ

【 材料／作りやすい分量 】

牛かたまり肉…400g

A
- あま酒…大さじ4
- 塩…小さじ2
- 黒こしょう…適量
- にんにくの薄切り…1片分
- ローリエ…1枚

B
- あま酒・しょうゆ…各大さじ1
- おろしわさび…小さじ1

クレソン…適量

【 作り方 】

1. ポリ袋に牛肉とAを入れ、袋ごともんで味をなじませ、冷蔵庫にひと晩おく。焼く1時間前にとり出し、常温に戻す。

2. フライパンを強火で熱して1を入れ、全面に焼き色をつける。粗熱がとれたらジッパー付き保存袋に入れ、ストローなどで吸って空気を抜く。

3. 炊飯器に熱湯800mlと水200mlを入れ（水温約70℃にする）、2を袋ごと入れてふたをし、保温モードで40分ほどおく。とり出してさらに約1時間常温におき、スライスして器に盛る。クレソンを添え、混ぜ合わせたBをかける。

P19の魚介の酒蒸し

アサリと小松菜のあま酒蒸し

【 材料／2人分 】

アサリ…200g
小松菜…2株
あま酒…大さじ3
しょうゆ・ごま油

【 作り方 】

1. アサリは砂出しをする。小松菜はざく切りにする。

2. フライパンにアサリ、あま酒、しょうゆ小さじ1/2、小松菜を順に重ね、ふたをして中火にかける。アサリが開いたら火を止め、器に盛ってごま油小さじ1を回しかける。

自然な甘みと
コクまで出せる!

料理用あま酒
ここが素晴らしい！

1

砂糖の代わりに使って栄養効果をプラス。

甘さの置き換えの目安

**砂糖大さじ1
＝あま酒大さじ5**

さまざまな栄養が含まれ、シュガーフリーの甘みとして優秀なあま酒ですが、料理に甘みを加えるだけではありません。砂糖代わりに使うとあら不思議！コクが出るうえ、素材そのものの味を引き出す効果もあります。それもこれも、精製された糖ではなく、発酵から生まれた甘みだからこそ。その実力を、多彩な料理でお試しあれ。

1 砂糖の代わりに使って栄養効果をプラス。

ねぎ入り卵焼き

【材料／2人分】

卵…3個
あま酒…大さじ4
万能ねぎの小口切り…大さじ3
大根おろし…大さじ2
塩・油・しょうゆ

【作り方】

1. ボウルに卵を割りほぐし、あま酒と塩小さじ1/3を加え混ぜ、さらに万能ねぎを混ぜる。
2. 卵焼き器に油少々を中火で熱し、余分な油を拭きとる。1の1/3量を流し入れ、半熟になったら奥から手前に巻き込む。焼いた卵を奥に寄せ、あいた部分に油少々を引き、1の1/3量を流し入れ、同様に焼く。これをあと1回繰り返す。
3. 2を食べやすい大きさに切り、器に盛って大根おろしとしょうゆ少々を添える。

----- ここが素晴らしい! -----

舌の上でふんわりほどける、やさしい甘さのだし巻き卵に

幸せを感じるやさしい甘さもさることながら、あま酒にはうまみも含まれるので、まるでだしを加えたような上品な味わいに仕上がります。たんぱく質分解酵素の働きで、ふんわりやわらか。同じくこの酵素の働きで卵白の切れがよくなり、簡単によく混ざる、なんて思わぬ時短効果もあります。あま酒が沈殿しやすいので、混ぜながら加えるのがコツです。

1 砂糖の代わりに使って栄養効果をプラス。

鶏のフライパン照り焼き　青じそからめ

【材料／2人分】

鶏もも肉…1枚
A
　あま酒…大さじ2
　しょうゆ…大さじ1
長ねぎ…1本
しそ…5枚
ごま油

【作り方】

1. 鶏肉は大きめのひと口大に切ってポリ袋に入れ、**A**を加えて袋ごともんでなじませ、冷蔵庫に3時間以上おく。
2. 長ねぎは5cm幅の筒切りにし、片面に斜めの切り込みを入れる。しそは5mm角に切る。
3. フライパンにごま油小さじ1を中火で熱し、長ねぎを焼き、焼き目がついたらとり出す。鶏肉の皮目を下にして入れ、弱火にしてふたをし、焼き目がついたら返す。火が通ったら長ねぎを戻し入れ、しそを加えてからめる。

----- ここが素晴らしい！ -----

シンプルな調味料で失敗知らず。ワンランク上の甘辛味に仕上がります

照り焼きのたれといえば、砂糖、みりん、酒、しょうゆを合わせることが多いけれど、砂糖をあま酒に代えれば、あとはしょうゆだけでOK。アルコール分は含まれないのに、風味を上げる、肉のくさみを消すなど、本来、酒やみりんが果たす役割を、あま酒が兼ねてくれるからです。あま酒のとろみで、たれがからみやすいという利点もあります。

1 ｜ 砂糖の代わりに使って
　　栄養効果をプラス。

まんべんなく味がからむ！

しっとり豚しょうが焼き

【 材料／2人分 】

豚ロース薄切り肉
（しょうが焼き用）…200g
A
- **あま酒**…大さじ2
- しょうゆ…大さじ1
- しょうがのすりおろし
  …小さじ1

キャベツ・紫キャベツ（あれば）
…各適量
ごま油

【 作り方 】

1. 豚肉に混ぜ合わせたAをなじませ、10分ほどおく。キャベツと、あれば紫キャベツをせん切りにする。
2. フライパンにごま油小さじ1を中火で熱し、豚肉を焼く。火が通ったら器に盛り、キャベツを添える。

ここが素晴らしい！

中までしっかり味がしみて、冷めても美味。かたくならないのでお弁当にもおすすめ

外は味がついているのに、中はパサパサ。そんな経験はありませんか？あま酒の糖分である麦芽糖には、水分とともに味をしみ込ませる作用があります。だから、肉がパサつかず、しっとり。かめばかむほど味わい深く、冷めてもおいしいしょうが焼きになるのです。味がしっかりつくので、塩分は少なくてOK。減塩したい人にもおすすめです。

1 砂糖の代わりに使って栄養効果をプラス。

サバのあま酒みそ煮

【材料／2人分】
サバの切り身…2切れ
長ねぎ…1本
しょうがの薄切り（皮つき）
…1かけ分
あま酒…100㎖
貝割れ菜…適量
みそ

【作り方】
1. サバは皮目に切り込みを入れ、熱湯をかけてくさみを除く。長ねぎは5㎝ほどの筒切りにする。
2. 鍋に水300㎖、あま酒、しょうが、長ねぎを入れて煮立てる。サバの皮目を上にして加え、紙ぶたをし、さらにふたをして5分煮る。
3. 2の煮汁を少しとってみそ大さじ2を溶かし、鍋に戻し入れる。ふたを少し開け、弱火で10分ほど煮る。器に盛り、貝割れ菜を添える。

----- ここが素晴らしい！ -----

青魚の独特なくさみをとって、さっぱりいただける上品なみそ煮に

あま酒によるまろやかな甘さで、コクはあるのにあっさり、すっきり。ひと口目から最後まで、飽きずにおいしくいただけます。青魚特有のくさみも、あま酒の効果で気にならなくなるので、魚料理初心者でも特別なワザは不要。身はしまることなく、ふんわり。あま酒のとろみで味がよくからみます。みそ煮に限らず、青魚との相性は折り紙つきです。

この軽やかさはプロの煮魚!

1 砂糖の代わりに使って栄養効果をプラス。

調味料2つとは思えない奥深さ!

すき焼き あま酒だれ

【 材料／2人分 】

牛すき焼き用肉…200g
焼き豆腐…1/2丁
長ねぎ…1/2本
春菊…1/2束
しいたけ…4枚
しらたき…1/2パック
牛脂(あれば)…1個

A
あま酒…100㎖
しょうゆ…大さじ2

卵…適量

【 作り方 】

1. 焼き豆腐は6等分に、長ねぎは1cm幅の斜め切りに、春菊はざく切りにし、しいたけはかさに切り目を入れる。しらたきは食べやすい長さに切る。

2. 鍋を熱し、あれば牛脂(または、油大さじ1)を入れ、長ねぎの両面を焼きつけ、端に寄せて牛肉を焼く。Aを加え、煮立ったら焼き豆腐、しいたけ、しらたきを加えて煮る。仕上げに春菊を加え、さっと加熱し、溶いた卵につけていただく。

----- ここが素晴らしい! -----

リーズナブルな牛肉が上等な味わいに。しらたきや豆腐の味のしみ込みも抜群

牛肉がふっくらとやわらかい食感になり、うまみも芳醇に。高いお肉を使わなくても、ごちそうに変身します。味が入りにくいしらたきや豆腐にも早くしみ込むので、具材が同じタイミングで食べごろに。これも、あま酒料理ならではです。あま酒が余分な脂を吸着するため、ほどよくさっぱり仕上がり、胃もたれしにくいのもうれしいところです。

1 砂糖の代わりに使って
栄養効果をプラス。

\ ストックできます！ /

保存　冷蔵庫で約5日

あま酒ピクルス

【 材料／作りやすい量 】

きゅうり…1本
セロリ…1本
にんじん…1/2本
パプリカ（赤・黄）…各1/4個
A
| **あま酒**…100mℓ
| 酢…大さじ2
| 塩…小さじ2/3
| ローリエ…1枚
| にんにく（つぶす）…1片

【 作り方 】

1. きゅうり、セロリ、にんじん、パプリカは、4〜5cm長さの拍子木切りにする。
2. 消毒した保存容器に混ぜ合わせた**A**を入れ、**1**を加えてさらに混ぜる。冷蔵庫にひと晩おいて味をなじませる。

---- ここが素晴らしい！ ----

野菜本来のおいしさをかみしめられる、滋味深いピクルスのできあがり

あま酒に含まれる麦芽糖の力で、ピクルスがいつもより短時間で食べごろになります。それぞれの味をきちんと引き出してくれるので、野菜の魅力を再認識できるはず。さらに、ツンとした酢の角をとってくれる働きもあるので、酸っぱさが苦手な人にも好評です。どんな野菜とも相性がいいので、季節の野菜で試してみてくださいね。

丸みのある
酸味で食べやすい！

1 砂糖の代わりに使って栄養効果をプラス。

\ 絶品! /
あま酒ストックおかず

野菜の甘さ際立つラペ！

甘さのあとに唐辛子がピリッ！

甘じょっぱさがおにぎりにも◎！

にんじんラペ

【材料／2人分】

にんじん…1本
ローストくるみ…30g

A
│ あま酒・オリーブオイル
│　…各大さじ1
│ 酢…小さじ2
│ 塩…小さじ1/2
│ 黒こしょう…少々

【作り方】

1. にんじんはせん切りにし、くるみは粗く刻む。
2. ボウルに1とAを入れ、よくあえる。

保存　冷蔵庫で約3日

エスニックれんこんきんぴら

【材料／2人分】

れんこん…200g
にんにく…1片

A
│ あま酒…大さじ3
│ ナンプラー…大さじ1/2
│ 赤唐辛子の輪切り…1本分

ごま油・黒こしょう

【作り方】

1. れんこんは5mm厚さの半月切りにし、水にさらして水けを切る。にんにくはみじん切りにする。
2. フライパンにごま油小さじ1とにんにくを弱火で熱し、香りが立ったられんこんを加え、しんなりするまで中火で炒める。Aを加えて炒め合わせ、仕上げに黒こしょう少々を振る。

保存　冷蔵庫で約3日

きのこ塩昆布の甘辛煮

【材料／2人分】

えのき…100g
しめじ…100g
エリンギ…100g

A
│ あま酒…大さじ4
│ 塩昆布…10g
│ しょうゆ…大さじ1と1/2

煎り白ごま…大さじ1

【作り方】

1. しめじはほぐし、えのきとエリンギは長さを半分に切ってからほぐす。
2. 鍋に1とAを中火で熱し、汁けがほぼなくなるまで煮詰める。仕上げに白ごまをちらす。

保存　冷蔵庫で約5日

1 砂糖の代わりに使って栄養効果をプラス。

＼ お手軽! ／
あま酒あえおかず

うまみ三重奏で料亭の味!

穏やかな甘みで香ばしさアップ!

甘酸っぱくてジューシー!

あえごろもがふわっふわに!

かぶの梅おかか

【 材料／2人分 】

かぶ…中2個
梅干し…大1個
A
┌ あま酒…大さじ1
│ かつお節…
└ 1/2パック（約2g）

【 作り方 】

1. かぶは茎を少し残し、くし形に切る。梅干しは種を除いてたたき、ペーストにする。

2. ボウルに1の梅干しとAを入れて混ぜ、かぶを加えてあえる。

いんげんのごまあえ

【 材料／2人分 】

いんげん…100g
A
┌ あま酒…大さじ2
│ しょうゆ…小さじ2
└ すり黒ごま…小さじ4
塩

【 作り方 】

1. いんげんは塩ひとつまみを加えた熱湯でゆで、冷水にとって水けを切り、斜めに切る。

2. ボウルにAを入れて混ぜ、1を加えてあえる。

トマトと玉ねぎの酢の物

【 材料／2人分 】

トマト…1個
玉ねぎ…1/6個
A
┌ あま酒・酢…各大さじ1
└ 塩…小さじ1/3

【 作り方 】

1. トマトはひと口大に切る。玉ねぎは薄切りにして水にさらし、水けを切る。

2. ボウルにAを入れて混ぜ、1を加えてあえる。

ほうれん草の白あえ

【 材料／2人分 】

ほうれん草…100g
にんじん…1/4本
木綿豆腐…1/2丁
A
┌ あま酒…大さじ3
│ みそ…大さじ1と1/2
│ すり白ごま…大さじ1
└ 塩…ひとつまみ
塩

【 作り方 】

1. 豆腐はキッチンペーパーで包み、皿などの重しをして30分ほどおき、水けを切る。にんじんはせん切りにし、塩ひとつまみを加えた熱湯でゆでる。続いてほうれん草をゆで、冷水にとって水けを絞り、4cm幅に切る。

2. 1の豆腐をフォークなどでつぶし、Aを加えて混ぜ合わせ、残りの1を加えてあえる。

料理用あま酒
ここが素晴らしい!

2

小麦粉の代わりに使えばグルテンフリー。

あま酒はどんな味ともよくなじむので、和食、中華、洋食と、さまざまなジャンルのとろみづけに使うことができ、また、小麦粉だけでなく、片栗粉の代わりにもなってくれます。なめらかにしたいからつぶつぶがちょっと……という場合には、ペースト状にしたあま酒(P11)を使うという手も。調味料と手数、その両方が少なくなるのも助かります。

2　小麦粉の代わりに使えばグルテンフリー。

じゃがいもとほうれん草の卵チーズグラタン

【材料／2人分】

じゃがいも…中2個
ほうれん草…100g
ゆで卵…2個
にんにく…1片
A
　あま酒…大さじ5
　生クリーム…150㎖
　塩…小さじ1/2
　黒こしょう…少々
とろけるチーズ…30g

【作り方】

1. ほうれん草はさっとゆで、冷水にとって水けを絞り、4cm幅に切る。じゃがいもは5mm厚さの半月切りにして水にさっとさらし、耐熱皿にのせてラップを軽くかけ、電子レンジで4分加熱する。ゆで卵は横6等分にスライスする。にんにくはみじん切りにする。
2. ボウルにAを入れ、混ぜ合わせる。
3. 耐熱皿にじゃがいも、ほうれん草、ゆで卵を並べてにんにくをちらし、2を回しかける。チーズをのせ、200℃のオーブンで20分焼く。

ここが素晴らしい！

材料を混ぜるだけでとろ〜り、クリーミーなホワイトソースが簡単です

ホワイトソースを上手に手作りするのは、けっこう手間がかかるし、コツがいるもの。でも、あま酒ソースなら、混ぜてかけるだけでラクラク。生クリームと合わせることで、グラタンに欠かせない乳製品のコクもプラスできます。不思議とさらっとしているので飽きずに食べられて、じゃがいもの食感もアップ。ほんのりした甘さも、おいしさの素です。

じゃがいもが
ほっくり!

043

こうじチキンカレー

【 材料／4人分 】

鶏ももぶつ切り肉…400g
玉ねぎ…1個
にんじん…1本
じゃがいも…中2個
にんにく…1片
しょうが…1かけ
カレー粉…大さじ2と1/2

A
- **あま酒**…120mℓ
- 水…500cc
- トマト水煮(カット)…150g
- ローリエ…1枚

B
- 塩…小さじ1と1/2
- みそ…大さじ1/2
- しょうゆ…小さじ2

オリーブオイル

【 作り方 】

1. 玉ねぎは縦に薄切り、にんじんは乱切り、にんにくとしょうがはみじん切りにする。じゃがいもは大きめに切り、水にさっとさらす。

2. 鍋にオリーブオイル大さじ1を弱火で熱し、にんにくとしょうがを炒める。香りが立ったら玉ねぎを加えて中火にし、しんなりしたら鶏肉を加えて炒める。カレー粉を振り入れてからめるように炒め、にんじんを加えてさらに炒める。

3. 2にAを加え、ふたをして10分ほど煮る。じゃがいもを加え、水分が2/3量になるまで煮詰める。Bを加え、さらに5分煮る。

ここが素晴らしい！

ルーを使わない、スパイシーな本格派。できたてから〝2日目カレー〟が楽しめます

1日おいたように味に深みがあり、甘みを感じたあとにスパイスが華やかに広がる本格カレー。特別なスパイスは使っていないのにこの味が出せるのも、素材の味を引き出すあま酒効果です。濃厚なのに胃にもたれないのは、小麦粉やバターを使っていないから。塩の代わりに塩こうじ大さじ2を使うと、ダブルのこうじパワーで、より味が深まります。

2 小麦粉の代わりに使えばグルテンフリー。

トマトのポタージュ
ガーリックオイル

【 材料／4人分 】

トマト…2個
玉ねぎ…1/2個
A
　あま酒…100㎖
　水…300㎖
　ローリエ…1枚
牛乳…200㎖
にんにく…1片
バター・塩・こしょう・オリーブオイル

【 作り方 】

1. トマトは1cmの角切り、玉ねぎは薄切り、にんにくはみじん切りにする。

2. 鍋にバター 30gと玉ねぎを中火で熱し、しんなりするまで炒める。トマトとAを加え、沸騰したら弱火にし、約7分煮る。

3. 2をミキサーで撹拌してピューレ状にし、鍋に戻す。牛乳を加えて温め、塩小さじ2/3、こしょう少々で味を調える。

4. フライパンにオリーブオイル大さじ1とにんにくを弱火で熱し、薄いきつね色になるまで炒める。器に盛った3に垂らす。

ここが素晴らしい!

自然のとろみで体の中からポカポカ。
トマトが苦手な人でも飲みやすい味に

ミキサーにかけることでとろみが増し、クリーミーなポタージュができあがります。ほんのりした甘さとトマトの酸味が調和し、味わいも和み系。トマト特有のエグみが消えるので、苦手な人でも飲みやすい味に。朝食やおやつにいただくときは、ガーリックオイルは入れなくても OK。キャベツやごぼうなど、好みの野菜で試してみてくださいね。

玉ねぎの甘みも
いきいき!

2 小麦粉の代わりに使えばグルテンフリー。

あま酒マーボー豆腐

【 材料／2人分 】

木綿豆腐…1丁(350g)
豚ひき肉…100g
干ししいたけ…2個
にら…1/6束
長ねぎ…1/2本
にんにく…1片
しょうが…1かけ
豆板醤…小さじ1

A
- **あま酒**…100㎖
- 水…50㎖
- みそ…小さじ1
- しょうゆ…小さじ2
- 塩…小さじ1/4

ごま油

【 作り方 】

1. 干ししいたけはたっぷりの水で戻し、みじん切りにする。豆腐は2cmの角切りに、にんにく、しょうが、長ねぎはみじん切りに、にらは1cm幅に切る。

2. フライパンにごま油大さじ1を弱火で熱し、にんにくとしょうがを炒める。香りが立ったら豆板醤を加えて炒め、ひき肉を加えてパラパラになるまでさらに中火で炒める。

3. 長ねぎと干ししいたけを加えて炒め合わせ、Aを加えて煮立てる。木綿豆腐を加えてさっと混ぜ、再び煮立ったら、にらを加えてしんなりするまで煮る。

----- ここが素晴らしい! -----

ダマになる失敗なし!
とろとろ豆腐がクセになります

マーボー豆腐では、片栗粉の代わりにあま酒を使います。ダマになりがちな水溶き片栗粉ですが、あま酒ならその心配はなし。とろみがつくだけでなく、豆腐がとろりとやわらかくなり、たれもよくからんで極上の食感に。はじめはマイルドですが、最後に抜ける辛さはしっかり。もっと辛くしたいという方は、豆板醤や花椒で調整してみてください。

木綿豆腐が絹豆腐に変身!?

2 小麦粉の代わりに使えば
グルテンフリー。

ふわっとうまみを感じるあんかけ！

タラの三つ葉きのこあん

【 材料／2人分 】

タラの切り身…2切れ
玉ねぎ…1/4個
えのき・しめじ…各1/4パック
三つ葉…8本
A
  あま酒…50mℓ
  水…100mℓ
  薄口しょうゆ…大さじ1
しょうがのすりおろし
　…小さじ1/2
塩・こしょう・片栗粉・油

【 作り方 】

1. タラは3等分に切って塩・こしょう各少々を振り、片栗粉小さじ2をまぶす。玉ねぎは薄切りに、半分に切ったえのきとしめじはほぐし、三つ葉はざく切りにする。
2. フライパンに油大さじ1を中火で熱し、1のタラを両面カリッと焼き、とり出す。油大さじ1を足して玉ねぎを炒め、しんなりしたらえのきとしめじを加え、さらに炒める。
3. 2にAを加え、沸騰したら2のタラを戻し入れる。仕上げに三つ葉としょうがを加え、塩・こしょう各少々で味を調え、ひと煮立ちさせる。

ここが素晴らしい！

だしいらずで、まるで料亭の味。
きのこの香りを存分に楽しめます

きのこあんに使う調味料はあま酒としょうゆだけなのに、いちから丁寧にだしをとったように、ほんのり上質な仕上がりに。タラともよくからみます。驚くのが、華やかさを増したきのこの香りとタラの甘み。外はカリッ、中はプリッ、のタラの食感もピカイチです。これも、こうじの発酵から生まれたあま酒ならではのパワーなのです。

COLUMN 1　find out more about amazake!

知っておきたい、あま酒の栄養と文化

砂糖が貴重だった時代には、体に必要な甘みとして重用されていたあま酒。
いつからあるの？　どんな栄養があるの？
あま酒と、その原料となるこうじ……知れば知るほど、すごいパワーの持ち主でした。

麹？　それとも糀？

　こうじを表す漢字には、「麹」と「糀」がありますが、この2つにどのような違いがあるのでしょう？　まず「麹」は、発酵文化とともに、中国から伝わったもの。対して「糀」は、明治時代にできた和製漢字。蒸し米にこうじ菌をつけて発酵させたもののみを指す言葉です。米こうじをよく見ると、まるで花が咲いているような、ふわふわとした菌糸におおわれていたことから、この漢字が生まれたそうです。

　そもそもこうじとは、米、麦、豆などの穀物にこうじ菌を付着させ、培養したもの。みそ、しょうゆ、みりん、酒など、発酵調味料のほとんどがこうじから作られます。奈良時代の『播磨国風土記』にこうじの記録が残っていますが、紀元前からその原型ともいえるものが、生活の中にあったと考えられています。麦こうじや豆こうじも使われますが、日本は稲作が中心だったため、米由来の「糀」が発展。こうじをつくるために必要な種こうじは昔からとても貴重なもので、室町時代には、安定したこうじに仕上げるための研究が行われていたそう。こうじの製造を独占していたのが麹座で、独占権をめぐって幕府や寺院を巻き込む大きな騒動にまで発展したこともあったとか。こうじがいかに貴重なものだったのかがよくわかります。

母乳の代わりになるほど
安全で栄養満点

　あま酒も伝統的な発酵食品。その起源は古墳時代にさかのぼり、これも中国から伝来したとされています。『日本書紀』に「応神天皇に献じた」という記述があることから、神様や位の高い人に捧げるものだったという説があります。庶民に広がったのは、室町時代。その後、江戸時代には夏バテを防ぐために飲まれ、あま酒を売る行商は風物詩的な存在でした。あま酒が夏の季語なのは、そのためです。また、粉

おいしくって栄養も豊富!

ミルクなどなかった時代には、母乳が出ないお母さんが、赤ちゃんにあま酒を飲ませることもあったとか。最近、あま酒は「飲む点滴」と呼ばれ、その栄養効果がクローズアップされていますが、昔の人は経験から、消化吸収能力が未発達な幼児でも安心して飲める、栄養たっぷりで安全な飲みものだということがわかっていたのです。では、その豊富な栄養は、いったいどこから生まれてくるのでしょう?

発酵の力、こうじの力はスゴイ!

あま酒の栄養はおもに、こうじによる発酵から生まれます。発酵とは、食材が菌やカビ、酵母などの微生物の働きで分解され、人間に有益な状態に変化すること。その過程で、もとの食材にはない、さまざまな栄養素が生まれます。ちなみに、人間に有害な状態に変化することを、腐敗といいます。

あま酒の場合は、こうじに含まれる酵素により、米のさまざまな成分が分解されます。その代表的な酵素がアミラーゼ。体のエネルギーになり、疲労回復にも役立つブドウ糖を生み出すのを助けます。次にプロテアーゼは、体内では十分に合成できない必須アミノ酸をはじめとする多くのアミノ酸の合成を助けます。そしてリパーゼは脂質を分解します。これらの酵素により、口に入れる前から米の成分がある程度分解されているため、子供や高齢者でも栄養を吸収できるのです。また、こうじ自身の代謝によって、ビタミンB_1、B_2、B_6、ナイアシン、ビオチン、パントテン酸、イノシトールなど、体の代謝に必要なビタミン類を生成。美肌効果も期待できるようです。さらに、あま酒に含まれるこうじ由来の食物繊維とオリゴ糖が腸内の善玉菌のエサになり、腸内環境の改善にひと役買ってくれます。

調理時に加熱することで一部の栄養は失われますが、それでも十分すぎるほど、体にいい優秀食材なのです。

\脂がさっぱりして
くさみも消える!/

料理用あま酒
ここが素晴らしい!

3

素材がふんわり&やわらかくなる。

あま酒でやわらかくなるのは、肉、魚介、卵、豆類などのたんぱく質食材。けれど、食感の仕上がりは少しずつ異なります。肉は肉らしいかみごたえはありつつ歯切れよく、魚介類はふわプリに、卵はふんわりとして、豆腐はなめらか。共通するのは、余分な脂がほどよく抜け、特有のくさみが消えること。つまり、リーズナブルな素材が格上げされるのです。

3 素材がふんわり＆やわらかくなる。

発酵タンドリーチキン

【 材料／4人分 】

鶏むね肉…2枚
A
　あま酒・プレーンヨーグルト(無糖)
　　…各大さじ3
　にんにくとしょうがのすりおろし
　　…各小さじ1
　トマトケチャップ…大さじ2
　オリーブオイル・カレー粉・みそ
　　…各大さじ1
　塩…小さじ1/2
レタス・レモン(くし形切り)
…各適量

【 作り方 】

1. 鶏肉はところどころフォークを刺して穴を開け、1枚を4等分に切る。
2. ポリ袋にAを合わせて1を加え、袋ごともんでなじませ、冷蔵庫にひと晩おく。
3. 230℃のオーブンで20分焼き、器に盛ってレタスとレモンを添える。

----- ここが素晴らしい! -----

パサつきがちなむね肉こそ、違いが歴然！しっとりやわらかな仕上がりに

むね肉がパサつくのは、もも肉と違って脂が少なく、水分の割合が多いため。加熱するとその水分まで抜けてしまうからなのです。そこで、あま酒の出番。麦芽糖の働きで、味とともに水分がしみ込むので、肉がパサパサにならずしっとり。さらに、たんぱく質を分解するため、やわらかな食感になります。こんがり焼くのもおいしさのポイントです。

むね肉なのに
このやわらかさ!?

3 素材がふんわり＆やわらかくなる。

豚スペアリブと焼き大根のオイスターソース煮

【材料／2人分】

豚スペアリブ…300g
大根…250g
チンゲン菜…1株
にんにく…1片
A
　あま酒・水…各100mℓ
　しょうゆ…大さじ1/2
　オイスターソース…大さじ1
ごま油

【作り方】

1. 大根は2〜3cm厚さの半月切りにし、にんにくはつぶす。チンゲン菜は半分に切り、根元の部分は縦4つ割りにする。

2. 鍋にごま油小さじ1を弱火で熱し、にんにくを炒める。香りが立ったらスペアリブと大根を焼き目がつくまで中火で焼きつける。

3. 2にAを加えてふたをし、弱火で20分ほど煮る。仕上げにチンゲン菜を加え、しんなりするまで煮る。

ここが素晴らしい！

やわらかくなるのはもちろんのこと。骨ばなれも抜群です

スペアリブなどの骨つき肉で、いちばんおいしいといわれる部分が骨のまわり。でも、骨にくっついてなかなかとれないのが、悩ましいところですよね。肉をやわらかくするあま酒にはもうひとつ、骨ばなれをよくする効果があります。だから、長時間煮込まなくても、肉が骨からするっと外れるのです。肉のうまみがたっぷりしみ込んだ大根も美味。

3 素材がふんわり＆やわらかくなる。

サワラと豆腐の
あま酒みそ漬け

【材料／2人分】

サワラの切り身…2切れ
木綿豆腐…1/2丁
A
　あま酒…40㎖
　みそ…40g
　しょうがのすりおろし
　　…小さじ1
しそ…2枚
甘酢しょうが…適量

【作り方】

1. サワラは1切れを2等分に切る。木綿豆腐はキッチンペーパーで包み、皿などで重しをして30分ほどおき、水けを切って6等分に切る。

2. 混ぜ合わせたAをサワラと豆腐にまんべんなく塗り、ラップで包んで冷蔵庫にひと晩おく。

3. 2のサワラと豆腐を180℃のオーブンで20分焼き、器に盛って、しそと甘酢しょうがを添える。

ここが素晴らしい！

淡白な白身に芳醇さが加わるから驚き！
身もプリプリでジューシーです

ここで使う合わせ調味料（A）は、あま酒を使ったみそ床。あま酒の成分によって魚の身がしまることなく、漬けている間にふわプリ食感へと変化します。味が浸透するのと同時に、サワラの持ち味もしっかり引き出す優秀さ。なめらかになった豆腐も、あとを引くおいしさです。チーズや肉、ゆで卵でも応用可能なので、アレンジを楽しんでください。

3 素材がふんわり&
やわらかくなる。

肉感を増した
ひき肉の弾力!

ふんわりハンバーグ きのこデミソース

【 材料／2人分 】

合いびき肉…200g
玉ねぎ…1/2個
マッシュルーム…50g
ブロッコリー・カリフラワー…各80g

A
- **あま酒**…大さじ2
- 塩…小さじ1/2
- 黒こしょう…少々

B
- **あま酒・水**…各大さじ4
- ケチャップ・中濃ソース…各大さじ2
- 赤ワイン…大さじ1

塩・オリーブオイル

【 作り方 】

1. 玉ねぎは細かいみじん切りにし、耐熱皿に入れてラップをかけ、電子レンジで1分加熱して冷ます。マッシュルームは薄切りにする。ブロッコリーとカリフラワーは小房に分け、塩ひとつまみを加えた熱湯でゆでる。
2. ボウルにひき肉、玉ねぎ、**A**を入れて練り混ぜ、4等分にして丸める。
3. フライパンにオリーブオイル大さじ1/2を中火で熱し、2を入れて両面に焼き色をつける。水大さじ2を加えてふたをし、水分がなくなるまで蒸し焼きにする。
4. ハンバーグを端に寄せ、あいたところにマッシュルームと**B**を入れてからめ、とろみがつくまで煮詰める。器に盛り、ブロッコリーとカリフラワーを添える。

ここが素晴らしい！

口の中でほどける至福の食感。 洋食店のような濃厚デミソースでどうぞ

あま酒を加えたハンバーグは、こねているときから、驚くほどにふわっふわ。焼き上がりはジューシーで、中には肉汁たっぷりです。デミグラスソースも、特別な材料を使っていないのに濃厚でコクがあり、手間ひまかけた洋食店の味。これもまた、材料にあま酒を加えているから。赤ワインを加えた大人の味なので、子供用には入れなくても OK です。

3 素材がふんわり＆やわらかくなる。

とろとろにら玉

【 材料／2人分 】

卵…3個
にら…1/2束
A
　あま酒…大さじ3
　薄口しょうゆ…大さじ1/2
　塩…小さじ1/4
ごま油

【 作り方 】

1. にらは4cm長さに切る。
2. ボウルに卵を割り入れ、Aを加えて混ぜ合わせる。
3. フライパンにごま油大さじ1を中火で熱し、にらを炒める。しんなりしたら2を流し入れ、箸で大きく混ぜながら半熟に焼き上げる。

----- ここが素晴らしい！ -----

ふんわり、とろ〜り。
冷めてもそのまま食感は変わりません

洋食の手法では、卵をふんわりさせるために生クリームなどの乳製品を混ぜて調理しますが、あま酒にもその効果があります。ふんわりだけでなく、とろ〜りと仕上がるので、具材に一体感が生まれます。やさしい甘さは卵のコクやごま油の香りを引き立て、にら特有の青くささを消す作用も。余熱で火が入るので、加熱しすぎに注意してください。

多彩なアミノ酸で
より複雑な味に！

料理用あま酒
ここが素晴らしい!

4

だし効果で料理のうまみがアップする。

あま酒のうまみは、発酵から生まれた複数のアミノ酸によるもの。合わせる素材のうまみをぐぐっと引き出すので、そのまま飲むよりも料理に使ってこそ、その特徴が鮮明になります。かつおだしやコンソメ、鶏がらスープの代わりに使ってもよし、うまみ素材と一緒に使って相乗効果を楽しむもよし。あま酒のうまみワールドを堪能してみましょう。

4　だし効果で料理のうまみがアップする。

厚切りベーコンのポトフ

【材料／4人分】

厚切りベーコン…80g
キャベツ…100g
じゃがいも…中1個
にんじん…1/3本
しめじ…1/2パック
ミニトマト…4個
ローリエ…1枚

A
　あま酒…大さじ1
　塩…小さじ1
　黒こしょう…少々
オリーブオイル

【作り方】

1. ベーコンは1cm幅に、にんじんは縦4等分に切る。キャベツはざく切りにし、しめじはほぐす。じゃがいもはひと口大に切って水にさらし、水けを切る。

2. 鍋にオリーブオイル小さじ2を中火で熱し、1を炒める。しんなりしたら水800mlとローリエを加えて煮立て、Aを加えてふたをし、10分ほど煮る。仕上げにミニトマトを加え、さっと煮る。

ここが素晴らしい！

あま酒のうまみと野菜の滋味で、コンソメを使わずとも奥深い味に

あま酒が素材のうまみを引き出す力を、確かに感じることができるのがポトフ。ベジブロスの人気でもわかるとおり、野菜だけを煮込んでも十分なだしが出ますが、あま酒をひとさじ足すと、より深く複雑な味わいになります。さらに、あま酒の作用で厚切りベーコンもやわらか！　体にじんわりとしみてくるおいしさを、ぜひ味わってみてください。

シンプルな調味で
野菜の味を楽しむ!

4 だし効果で料理のうまみがアップする。

あま酒が野菜の甘さを引き出す!

あま酒ラタトゥイユ

【 材料／4人分 】

パプリカ(黄)…1個
玉ねぎ…1個
ズッキーニ…1本
なす…2本
にんにく…1片
トマト水煮(カット)…200g
A
　あま酒…大さじ3
　ローリエ…1枚
　塩…小さじ1と1/4
バジル…4枚
オリーブオイル

【 作り方 】

1. パプリカは乱切り、玉ねぎはくし形に切る。ズッキーニとなすは輪切りにし、水にさらして水けを切る。にんにくはつぶす。
2. 鍋にオリーブオイル大さじ2とにんにくを弱火で熱し、香りが立ったらパプリカ、玉ねぎ、ズッキーニ、なすを入れてしんなりするまで中火で炒める。トマト水煮とAを加え、汁けが半分になるまでときどき混ぜながら煮る。仕上げにちぎったバジルを加え混ぜる。

----- ここが素晴らしい！ -----

トマトの酸味が丸くなり、より濃厚な味わいになります

ラタトゥイユにコクを出し、トマトの酸味をやわらげるために、シェフがよく隠し味に使うのが砂糖なのだそう。それを野菜の甘みやうまみを引き出すあま酒に代えれば、より効果的。白ワインや複数のハーブがなくても、華やかな味になります。とろとろっと仕上がるので、パスタソースにもおすすめ。夏には生のトマトで作ってもいいですね。

4　だし効果で料理のうまみがアップする。

あま酒しゃぶしゃぶ

【材料／2人分】

豚バラしゃぶしゃぶ用肉…200g

A
- **あま酒**…大さじ2
- 塩…小さじ1/4

水菜…1/2束
油揚げ(厚め大判)…1枚
しめじ・えのき…各1/2パック

B
- だし昆布…5cm
- 酒…大さじ1
- 水…800㎖

【作り方】

1. 豚肉に混ぜ合わせたAを塗る。水菜は4㎝幅、油揚げは3㎝角に切り、しめじとえのきはほぐす。
2. 土鍋にBを入れて煮立て、1の豚肉をしゃぶしゃぶし、好みのたれをつけていただく。そのほかの具材も煮ていただく。

---\ 一緒にいかが? /---

あま酒しょうゆだれ
【材料と作り方】（作りやすい分量）
「あま酒」大さじ3、しょうゆ大さじ1と1/2、米酢大さじ1、しょうがのすりおろし小さじ1/2、すり白ごま大さじ1/2を混ぜ合わせる。

あま酒ごまだれ
【材料と作り方】（作りやすい分量）
「あま酒」大さじ3、しょうゆ・練り白ごま各大さじ1と1/2、米酢大さじ1/2、一味唐辛子適量を混ぜ合わせる。

ここが素晴らしい!

さっとひと塗りで、まるで熟成肉!

しゃぶしゃぶする前にあま酒で下味をつけると、瞬時にうまみを閉じ込めて、長時間熟成したような味わいに変化します。脂の甘みも増し、かみごたえはあるのにやわらかく、くさみもありません。あま酒が溶け込んだスープで煮た具材も格別。あま酒だれとともに、あま酒づくしでぜひ。牛肉やブリ、カニなどのしゃぶしゃぶにも使えるレシピです。

4 だし効果で料理のうまみがアップする。

タイのあま酒〆

【 材料／2人分 】

タイ(刺身用)…1さく
A
　あま酒…大さじ2
　塩…小さじ2/3
万能ねぎの小口切り・わさび・
すだちのくし形切り…各適量

【 作り方 】

1. 混ぜ合わせたAをタイに塗り、ラップでぴっちりと包み、冷蔵庫にひと晩おく。
2. 1をそぎ切りにし、器に盛って万能ねぎをちらし、わさび、すだちを添える。好みでしょうゆをつけても。

---- ここが素晴らしい! ----

うまみと甘みを増した味はもちろん、ねっとりした食感が秀逸!

刺身にうまみを与え、また違った味わいを楽しむ調理法の昆布〆を、あま酒に代えるこの調理。主張しすぎない複雑なうまみが加わって、魚本来の甘みとうまみが開花します。雑味も抜け、ねっとりとろける食感に。この驚きの変化を、イカ、サーモン、ホタテなど、リーズナブルなものでかまわないので、好みの刺身でぜひ試してみてください。

舌にからみつく熟成感にうっとり！

4 だし効果で料理のうまみがアップする。

甘みは目立たず
まるでだし炊き!

鶏そぼろの
ごぼう炊き込みごはん

【材料／4人分】

米…2合
鶏むねひき肉…100g
A
  あま酒…大さじ2
  しょうゆ…大さじ1と1/2
ごぼう…1/2本
にんじん…1/4本
しょうが…1かけ

【作り方】

1. 米は洗って30分ほど浸水させ、水けを切る。
2. ひき肉にAを混ぜる。ごぼうはささがきにして水にさらし、水けを切る。にんじんとしょうがはせん切りにする。
3. 炊飯器に米、分量どおりの水、2を入れて普通に炊く。

---\ 一緒にいかが? /---

あま酒のべったら漬け風

【材料／作りやすい分量】

大根…1/5本（200g）
A
  あま酒…100mℓ
  酢・塩…各小さじ1
  切り昆布…1g
  赤唐辛子の小口切り
  …1本分

【作り方】

1. 大根は短冊切りにする。
2. ポリ袋に1とAを入れて袋ごともんでなじませ、10分以上おく。

---- ここが素晴らしい！ ----

古米でもふっくら、香り高い炊き上がり

あま酒が米に水分を吸収させるので、長く浸水させる必要はありません。新米でなくても、甘くふっくら。ふたを開けると、だしを入れていないのに、香り高く上品な炊き上がりを実感できます。ただし、あま酒がねばり成分であるたんぱく質を分解してしまうので、時間がたつと米がパラパラに。あま酒を入れたらすぐに炊きましょう。

COLUMN 2　find out more about amazake!

スープ&ドリンクに、ひとさじプラス

調味料としてのあま酒の実力を簡単に味わえるのが、ひとさじプラス。
手軽においしさと栄養をプラスできる新習慣、いかがですか？
カップラーメンや納豆、豆腐、さらにはヨーグルトやアイスクリームにも！

コーンスープに

インスタントスープにひとさじ。雑味が消えて自然な甘さになり、手作りのようなおいしさ。

ホットミルクに

やさしい甘みとほどよいとろみで、体の中からポッカポカ。体調を崩したときの栄養ドリンクに。

みそ汁に

いつものみそ汁に加えると、ぐっと上質な味わいに。インスタントも本格的な味に変化する。

豆乳に

甘みが加わるだけでなく、コクが出るうえ、豆くささが消えて飲みやすい。ヘルシー派も大満足。

\ちょい足しでめちゃうま/

りんごジュースに

果汁の割合が少ないものでも、100%ジュースのようなコクに。酸味のあるジュースによく合う。

アイスコーヒーに

あま酒の重みで2層になると、ベトナムコーヒーのよう。凍ったあま酒を使っても美味。

トマトジュースに

市販のトマトジュースにありがちな雑味が消え、苦手な人でもイケそう。酸味も穏やかになる。

日本酒に

うま口のにごり酒に！　リーズナブルな日本酒ほど、その変化は感動的。冷やでも、燗酒でも。

買わなくたって
なんでも作れる！

角がとれてまろやか
奥深い味！

SEASONING

万能！あま酒調味料。

調味料として、単体で使っても活躍するあま酒ですが、たれやドレッシングのベースとしても優秀です。「さしすせそ」の基本調味料に混ぜれば、うまみが増したり、塩味や酸味の角をとってまろやかにしたり。ワンランク上の万能調味料に仕上げてくれます。これを覚えたら、料理のレパートリーがぐっと広がるはず！
ぜひ、作りおきしましょう。

SEASONING　万能！あま酒調味料。

基本調味料が抜群においしく変身！
さしすせそアレンジ

まろやかで上品な甘酢

さしすあま酒

【材料／作りやすい分量・約200㎖分】
あま酒・米酢…各100㎖／塩…小さじ1

【作り方】
材料を混ぜ合わせる。

保存　冷蔵庫で約1カ月

---\ おすすめ料理 /---

大根とにんじんのりんご甘酢あえ

【材料と作り方／2人分】
大根50g、にんじん1/8本、りんご1/4個は皮つきのまません切りにする。「さしすあま酒」大さじ2とあえ、ゆずの皮少々を添える。

熟成不要のラクラク塩こうじ風

塩あま酒

【材料／作りやすい分量・約200㎖分】
あま酒…200㎖／塩…小さじ4

【作り方】
材料を混ぜ合わせる。

保存　冷蔵庫で約1カ月

---\ おすすめ料理 /---

イカとしょうがの塩あま酒炒め

【材料と作り方／2人分】
スルメイカ1杯は下処理し、皮つきのまま食べやすく切る。しょうがのすりおろし小さじ2とともにごま油小さじ1で炒め、「塩あま酒」大さじ2を加えて味をからめるように炒める。

このうまみ、まるでだしじょうゆ

しょうゆあま酒

【材料／作りやすい分量・約200㎖分】
あま酒…150㎖／しょうゆ…50㎖

【作り方】
材料を混ぜ合わせる。

保存　冷蔵庫で約2週間

---\ おすすめ料理 /---

パプリカ炒め

【材料と作り方／2人分】
パプリカ（赤・黄）各1/2個とピーマン2個は1㎝幅の細切りにし、ごま油小さじ2で炒める。しんなりしたら「しょうゆあま酒」大さじ2を加えて炒め、かつお節1パックを加え炒める。

ごはんがすすむ田楽風のみそ

みそあま酒

【材料／作りやすい分量・約200㎖分】
あま酒…100㎖／みそ…100g

【作り方】
材料を混ぜ合わせる。

保存　冷蔵庫で約2週間

---\ おすすめ料理 /---

焼きなすの田楽

【材料と作り方／2人分】
米なす1本は2㎝厚さの輪切りにして塩少々を振り、10分おいて水けを拭く。多めの油を中火で熱したフライパンで両面焼き目をつけ、余分な油分を切る。器に盛り、「みそあま酒」大さじ2をかけて煎り白ごま少々を振る。

SEASONING | 万能！あま酒調味料。

グリーンサラダが、ぜいたくな味に！
あま酒ドレッシング

1 2 3

1 うまみも舌触りも濃厚な、食べるドレッシング
ベジドレッシング

【 材料／作りやすい分量・約120㎖分 】

あま酒…大さじ3
酢…大さじ1
エクストラバージンオリーブオイル
…大さじ2
塩…小さじ2/3
こしょう…少々
玉ねぎとにんじんのすりおろし…各大さじ1

【 作り方 】

すべての材料をよく混ぜ合わせる。

保 存　　冷蔵庫で約5日

---

2 どんな野菜もおいしく包み込む、ベーシックタイプ
フレンチドレッシング

【 材料／作りやすい分量・約90㎖分 】

あま酒…大さじ3
酢…大さじ1
エクストラバージンオリーブオイル
…大さじ2
塩…小さじ1/2
黒こしょう…少々

【 作り方 】

すべての材料をよく混ぜ合わせる。

保 存　　冷蔵庫で約2週間

---

3 あま酒がごまの香ばしさを格上げ。肉や魚料理のつけだれにも
しょうがごまドレッシング

【 材料／作りやすい分量・約100㎖分 】

あま酒…大さじ3
酢・しょうゆ…各大さじ1
ごま油…大さじ2
煎り白ごま・しょうがのすりおろし
…各小さじ1

【 作り方 】

すべての材料をよく混ぜ合わせる。

保 存　　冷蔵庫で約2週間

SEASONING　万能！あま酒調味料。

つけて、かけて、塗って……クセになる！
あま酒ソース

植物素材だけで軽い味わい。さらっとしたテイスト
あま酒マヨネーズ

【 材料／作りやすい分量・約120g分 】

あま酒…大さじ2
木綿豆腐(水切りする)…50g
塩…小さじ1/3
こしょう…少々
酢・エクストラバージンオリーブオイル
…各大さじ1

【 作り方 】

すべての材料をミキサー（または、ブレンダー）でなめらかになるまで撹拌する。

保存　冷蔵庫で約3日

たとえば蒸し野菜に

さらっとしているのにコクがある。野菜が奥深い味に
食べやすい大きさに切ったブロッコリー、カリフラワー、パプリカ、かぶなど好みの野菜各適量を蒸し、「あま酒マヨネーズ」適量を添える。

食感のいい食べるケチャップ。水煮トマトでもOK

あま酒ケチャップ

【 材料／作りやすい分量・約400g分 】

トマト…中2個

A
- **あま酒**…100㎖
- 玉ねぎのすりおろし…1/6個分
- にんにくのすりおろし…1片分
- ローリエ…1枚

B
- 塩…小さじ1/2
- シナモンパウダー
  …小さじ1/6
- クローブ（ホール）…5粒
- 酢…大さじ1

【 作り方 】

鍋に1cm角に切ったトマトとAを中火で熱し、2/3量くらいになるまで煮詰める。Bを加え、さらに5分ほど煮る。

保存　　冷蔵庫で約5日

たとえば卵料理に　　やさしい酸味と甘みが卵にマッチ
スクランブルエッグに「あま酒ケチャップ」適量をかける。

SEASONING　万能！あま酒調味料。

あま酒ソース

栄養たっぷり！　甘さがすっきりしていて食べ飽きない
あま酒スタミナだれ

【 材料／作りやすい分量・約400ｇ分 】

りんご…1/4個
玉ねぎ…1/4個
にんにく…1片
しょうが…1かけ
A
　あま酒・しょうゆ…各100㎖
B
　すり白ごま・ごま油…各大さじ1

【 作り方 】

1. りんご、玉ねぎ、にんにく、しょうがはすりおろす。
2. 鍋にAと1を入れて煮立て、火を止めてBを加え混ぜる。

保存　冷蔵庫で約２週間

たとえば焼き肉に
肉がやわらか＆まろやかになる
牛焼き肉用肉、食べやすい大きさに切ったかぼちゃ、玉ねぎ、エリンギ各適量を焼き、「あま酒スタミナだれ」適量をからめる。

煮詰めたからこその濃厚な甘み。はちみつ代わりに使っても
あま酒ジャム

【 材料／作りやすい分量・約150g分 】
あま酒…300㎖

【 作り方 】
あま酒をミキサーにかけ、ペースト状にして鍋に入れる。ゴムべらで混ぜながら、半分くらいの量になるまで、弱火でゆっくりと焦がさないように煮詰める。色が黄みがかり、みりんのような香りがしてきたら完成。

保存　冷蔵庫で約5日

| チョコ味に
しても美味 | 生チョコみたいに芳醇な風味のソース
「あま酒ジャム」大さじ4とピュアココアパウダー大さじ1をよく練り混ぜる。シナモンパウダーやカルダモン、ジンジャーパウダーを混ぜても美味。 |

＼ ほかにはない ／
食感と口溶け！

甘さひかえめ！
素朴で懐かしい味！

SWEETS

上品スイーツが、お手のもの。

あま酒の甘さは、上品でやさしい甘さ。自然なとろみもあり、和のスイーツも、洋のスイーツも、はんなりなごみ系に仕上げてくれます。砂糖にはない栄養が多く含まれているので、罪悪感なく食べられるのもうれしいところ。ちなみに、もっと甘みが欲しい！という人は、「あま酒ジャム」(P89)を使ってみて。分量は「あま酒」と同量でOKです。

SWEETS | 上品スイーツが、お手のもの。

ピーナッツバナナジェラート

【 材料／2人分 】
あま酒…200㎖
バナナ(完熟)…1本
ピーナッツバター(加糖)…30g
バナナの薄切り(飾り用)
…適量

【 作り方 】
1. フードプロセッサーに飾り用バナナ以外の材料を入れ、なめらかになるまで撹拌する。
2. バットに入れてラップをかけ、冷凍する。
3. 少し解凍してスプーンで削り混ぜ、器に盛り、飾り用バナナを添える。

> ここが素晴らしい!

ミルクを使わなくても濃厚!
口溶けもあと味も、あま酒ならでは

ミルクの代わりにあま酒を使い、バナナとピーナッツバターでコクをプラス。濃厚なのに甘さにキレがあるので、いくらでも食べてしまいそうです。糖度が高いあま酒効果で、凍らせてもふんわりやわらかく、その口溶けは抜群。舌の上でとろりと溶けていくときに広がる味は、まさに至福。ココアを加えてチョコフレーバーにするのもおすすめです。

とろりとして
なめらか

SWEETS | 上品スイーツが、お手のもの。

あま酒ミルクプリン

【 材料／2人分 】

あま酒…150㎖
牛乳…200㎖
干しあんず…3個
粉ゼラチン…小さじ1と1/2
シナモンパウダー…少々

【 作り方 】

1. ゼラチンと水大さじ2を耐熱容器に入れてふやかし、湯せんで溶かす。あんずは粗く刻み、飾り用に少しとっておく。
2. ボウルにあま酒、牛乳、シナモンパウダー、1のゼラチンとあんずを入れて混ぜる。カップに流し入れて冷蔵庫で冷やし固める。仕上げに飾り用のあんずを飾る。

----- ここが素晴らしい! -----

あま酒の食感と甘みをシンプルに味わう、やさしい甘さの素朴なスイーツ

一般的にミルクプリンはつるんとした食感ですが、あま酒の粒が混ざることで、もっちりして食べごたえ抜群。ライスプディングにも似た味わいになります。あま酒や牛乳の水分で戻ったぷるぷるのあんずも、いいアクセント。また、シナモンなどのスパイスとあま酒もマッチします。なめらか派の人は、ペースト状にしたあま酒（P11）を使っても。

SWEETS 上品スイーツが、お手のもの。

フレッシュだけどコクもある!

あま酒クレームダンジュ
いちごソース

【材料／4人分】

あま酒…大さじ4
プレーンヨーグルト（無糖）
…450g
A
　あま酒…大さじ2
　いちご…50g
　レモンの搾り汁…小さじ1

【作り方】

1. ヨーグルトは厚手のキッチンペーパーで包み、皿などの重しをのせて1〜2時間ほどおき、重さが半分ほどになるまで水けを切る。
2. ボウルに1とあま酒を入れて混ぜ、キッチンペーパーを敷いたココットに入れ、10分ほどおいて形を整える。キッチンペーパーを外し、器に盛る。
3. Aのいちごは1cm角に切り、ほかの材料と混ぜ、2にかける。

----- ここが素晴らしい！ -----

甘さひかえめのヘルシースイーツ。
あま酒のつぶつぶ食感も新鮮です

クレームダンジュの材料といえば、フロマージュ・ブラン。その代わりに水切りヨーグルトを使い、あっさりしていながらコクのあるデザートに仕上げました。同じ発酵食品のあま酒とヨーグルトは、相性抜群！また、砂糖を加えなくてすむのも利点です。いちごソースにもあま酒を使って、よりふくよかな味わいに。手土産にしても喜ばれそう。

SWEETS | 上品スイーツが、お手のもの。

かぼちゃのババロア 豆乳練乳ソース

【材料／4個分】

かぼちゃ…正味200g
あま酒…100㎖
調製豆乳…200㎖
粉ゼラチン…5g
メープルシロップ…大さじ1

A
　あま酒…大さじ2
　調整豆乳（室温に戻したもの）
　　…大さじ1

かぼちゃの種…適量

【作り方】

1. かぼちゃは皮を除いて大きめに切り、耐熱皿に入れてラップをかけ、電子レンジで3分ほど加熱し、ざるなどで裏ごしする。
2. ゼラチンと水大さじ2を耐熱容器に入れてふやかし、湯せんで溶かす。
3. ボウルに豆乳、1、あま酒、メープルシロップを入れてなめらかになるまで混ぜ、ざるなどでこす。2を加えて混ぜ、器に流し入れて冷やし固める。混ぜ合わせた**A**をかけ、かぼちゃの種をのせる。

ここが素晴らしい！

「豆乳＋あま酒」でヘルシーな練乳に。豆乳独特の豆くささも消えます

豆乳に、あま酒のコクのある甘さを加えると、まるで練乳のよう！ 濃厚かつヘルシーなソースができあがります。これはコーヒーに入れても美味。また、あま酒が豆乳の豆くささを消してくれるので、かぼちゃとの相性がよくなり、さらにはかぼちゃのやさしい甘さも際立ちます。粉ゼラチンを寒天に代えると、ビーガンスイーツにもなります。

| SWEETS | 上品スイーツが、お手のもの。

かむほどに増す甘みが絶品!

あま酒白玉のおしるこ

【 材料／2人分 】

白玉粉…40g
あま酒…大さじ2と1/2
A
　あま酒…大さじ3
　あずき缶…100g
　水…100㎖
きな粉…少々

【 作り方 】

1. 白玉粉にあま酒と水小さじ1を加え、練り混ぜて棒状に伸ばし、12等分して丸め、沸騰した湯でゆでる。
2. 別の鍋にAを合わせ、温める。1とともに器に盛り、きな粉を振る。

----- ここが素晴らしい！ -----

いつもの白玉がもっちもちに！
ほんわりした甘みもクセになります

白玉粉をあま酒で溶いた白玉は、練るのにちょっと時間はかかるけれど、ゆであがりのもっちもち食感には驚きです。あま酒以外の甘みはあずき缶だけなので、最初のひと口は甘さひかえめの大人の味ですが、じっくりと白玉をかむごとにじんわりと甘さが広がり、食べ終わるころにはちょうどいい甘さに。寒い冬にいただきたい極上おやつです。

おいしさいろいろ！
知って納得！

IDENTITY

こうじの個性を楽しもう。

こうじはあま酒だけでなく、みそ、しょうゆ、酢などにもなくてはならない、日本古来の発酵調味料のカナメです。全国各地にはそれぞれに個性的なこうじ文化があり、今なおそれぞれの生活の中で息づいています。ここでは、ご当地のこうじやあま酒、こうじ屋さんがふだん食卓に並べている家庭料理など、楽しくてためになるあれこれを紹介します。

the birth place of Koji power
こうじのパワーが生まれる場所へ。

舘野真知子さんが「あま酒」のよさに目覚める、その原点となった浅利妙峰さんを訪ねて、糀屋本店へと足を運びました。

こうじの話を聞いてきました！

　塩こうじブームのきっかけを作り、こうじ文化のよさをあらためて世に伝えた人として、食の世界では知る人ぞ知る、浅利妙峰さん。その浅利さんが9代目として切り盛りする糀屋本店は、元禄2年（1689年）に創業した老舗。江戸時代には佐伯藩の城下町として栄えた大分県南の港町・佐伯市の中心地にあります。舘野真知子さんがここを訪れるのは2回目。その風情ある建物を目の前にすると、故郷に帰ってきたような、やすらぎを覚えると話します。

　そもそも、舘野さんがあま酒に惹かれたのは、東京のレストラン「六本木農園」でシェフをしていたとき。浅利さんが店でトークライブを行ったことがきっかけでした。ちょうど塩こうじが世に出るタイミングで、以来、ともに〝発酵〟を愛す

る者どうし、親交を深めています。

浅利　真知子さん、いらっしゃい。遠いところまでようこそ！

舘野　貴重なお時間をいただき、ありがとうございます！　今回、あま酒を調味料として料理に使うための本を出すことになりまして。私がここまであま酒にのめり込むきっかけになったのが、糀屋本店の「甘酒一夜恋」だったので、この機会にあらためてじっくりとお話ししたいと思って、うかがいました。

浅利　それは光栄！　あれからもう6年くらいになる？

舘野　そうですね。私が「六本木農園」（2015年閉店）でシェフをしていたころなので。あのお店はコンセプトがユニークで、生産者の方々をお呼びしてお客様に生の声を届けるトークライブを行ったり、作り手を前面に出しているお店でした。開店から半年後くらいでしょうか、ご縁あって妙峰さんにお越しいただいたのは。日本の農業を盛り上げたいと無我夢中でレストランを切り盛りしていたときで、妙峰さんから差し入れでいただいたあま酒を飲んだら、すーっと体に入って、力になっていく感覚で。これは何？と、とても驚きました。今思うと、体も頭も疲れていたのかもしれませんね。

浅利　そうだったのね。

舘野　雑味がなくて、甘さにキレがあって、あと味はすっきりで。あまりにもおいしくて、あま酒に対する概念がガラリと変わりました。それに「冷やしあま酒」だったことも新鮮で。

浅利　あはは、それはよかった。

舘野　うちは実家が農家で、昔からよく祖母があま酒を作ってくれていたので、身近なものだったんですね。それはそれでおいしかったけど、ちょっと酸っぱかったり甘さが足りなかったり、味が一定じゃなくて。母の代になって酒粕のあま酒に変わってからは、なんとなく苦手意識が芽生えたんです。お酒の風味が、子供の私には少し強かったのかも。

浅利　おばあさまはどうやって作っていらしたの？

舘野　炊いたごはんを移す、保温器のようなもので作っていました。なんと、こうじも手作り。農協の製麹器を使って。

浅利　こうじから作るなんて、さすがね。

舘野　農家は自分のところにお米がありますから。お米を農協に持ち込んで、婦人部の方々と一緒にこうじを作っていたようです。みそを作るタイミングだったのかも。同じように、こうじ屋さんにお

浅利妙峰さん

1952年、大分県佐伯市にて、創業300年以上を誇る老舗こうじ屋の長女として生まれる。こうじ文化の再生に尽くすため、塩こうじをはじめとする商品開発、レシピ提案、料理講習会など、世界に活躍の場を広げている。

IDENTITY
こうじの個性を楽しもう。

舘野さんがあま酒にのめり込むきっかけになった「甘酒一夜恋」。スタッフも毎朝飲んでいる。

願いすることもあったようですね。あま酒作りの上手な親戚のおばさんがいて、あま酒作ったわよ〜と、保温器ごと持って遊びに来たりして(笑)。

市販品が主流になることで一時はこうじ文化が衰退

塩こうじやあま酒が流行となり、今は活気の出たこうじ屋さんですが、それまでは廃業を考えるほどだったといいます。

浅利 第二次世界大戦が終わってしばらくまでは、みんな、近所のこうじ屋さんからこうじを買ってきて、みそやしょうゆ、あま酒も手作りしていたの。今は市販のものを使うので、必然的にこうじが売れなくなった。どの地方にも、人が生活する場所には必ずこうじ屋があって、それだけ大事な存在だったのよ。

舘野 特にみそは「手前みそ」という言葉があるくらい、ほとんどの家庭で作っていましたよね。私は今も作りますけど、子供のころも、うちのみそがいちばんだと思っていました。そういえば、古い家のときは、みそ蔵もありました。

浅利 それぞれの家には、その場所に長年培われてきた菌がいて、その菌によっても醸されるから、なじみの味になる。おいしく感じて当たり前なの。

舘野 確かに。でも、こうじが売れなくなるといえば、妙峰さんのところも大変だったんじゃないですか？

浅利 そう、8代目の父が体調を崩したときは、こうじが売れなくて廃業寸前だったから、やめようと思ってた。でも、次男が継ぎたいと言ってくれて。うれしかったけれど、先の見えない家業を継がせるのは申しわけないので、なんとかしなくてはと心が決まったの。

舘野 そこからがすごかったですよね。

浅利 次男と、県の指導を仰いで勉強をしていくなかで、こうじで作るのはみそ、あま酒だけという固定観念にとらわれすぎていたことに気づいたの。家業を立て直すためには、みんなの心に響く何か新しいものを見つけなければと。そこで温故知新、日本技術料理全集にもよく載っていた江戸時代の『本朝食鑑』を調べてみたら、解説欄に「塩麹漬けは黒漬とも言われる」という一文を見つけて。その瞬間にこれだ！と。漬け床ではなく、調味料として使うア

イデアを思いついて、塩こうじのレシピが次々と生まれたの。

こうじの神様が降りてきて
塩こうじが世に広がっていく

　調味料としての塩こうじを発信し、全国的なブームになる過程は、まるでこうじの神様に追い風を送ってもらっているようだった、と語る浅利さん。家庭から遠ざかっていたこうじ文化が、再び脚光を浴びるようになりました。

舘野　漬け床から調味料に、という発想は、私のような料理人だと、頭がこり固まっていて、なかなか出てこないかも。

浅利　本当にあのころの私は、何か見えない力によって導かれている感じだった。こうじの素晴らしさを科学的な視点からも伝えるために、全国を飛び回ってどこにでも出かけて行ったわ。

舘野　全国のこうじ屋さんにも積極的にノウハウを伝えられたんですよね。

浅利　そう、みんなでこうじ文化を盛り上げましょう！って。そのために、塩こうじレシピも、どんどん活用してくださいとお願いしました。

舘野　あのムーブメントは本当にびっく

〝糀の花〟が美しく咲いたこうじ。伝統のワザとこだわりの原材料、作り手の思いがおいしさの理由。

写真提供：糀屋本店

糀屋本店ならではのレシピを教わる舘野さん。「手際がいいね〜」「私、料理研究家なんで(笑)」。

りしました。あれよあれよと全国に浸透して、どこでも塩こうじが買えるようになって。妙峰さんから塩こうじをいただいたとき、すぐに料理を試作してみたんです。鶏肉にまぶしてしばらくおいて焼いたら、もっちりした食感と深いうまみが、すごく簡単に出るのが画期的で。すぐにレストランのメニューに取り入れました。「豚肉の塩こうじロースト」がいちばん人気でしたね。あまりにも私が塩こうじ推しだったんで、「お客さまに飽きられてしまうから違うメニューを」という意見もあったんですが、シンプルでこんなにおいしいのだからと、頑としてそこは譲りませんでした(笑)。

浅利 調味料としての塩こうじは、確かに目新しかったかもしれないけれど、じつは「三五八漬け」など、塩とこうじを混ぜる食文化は、伝統的に続いていたの。それぞれの地方では当たり前のものだったから、埋もれてしまっていたのね。

舘野 郷土料理には、昔ながらの食文化が息づいているんですね。そういえば、塩こうじが気になったきっかけは、あるドラマでした。確か、魚料理対決か何かのシーンで、主人公が壺の中をかき混ぜながら、「塩こうじさん」って話しかけているのを見て、あれはなんだろう？と。

浅利 『おせん』の蒼井優ちゃんね。

舘野 それで、妙峰さんに会ったとき、塩こうじってご存じですか？と聞いたら、うちに商品があるわよって(笑)。驚

きました。ずっと探していましたから！
浅利　懐かしいわあ。
舘野　話は戻りますけど、あの当時、全国をかけ回っている妙峰さんの姿を見て、教わったことがあるんです。
浅利　なになに？
舘野　それは、情報をつねにオープンにするということ。だから私も、可能な限りレシピやコツなどをオープンにして、たくさんの方に実践してもらいやすくしているんです。つい自分の利益を考えて隠しがちですけど、使ってもらわないとよさがわからないですから。そのことを私、今も座右の銘にしています。
浅利　あら、光栄。うれしい。

塩こうじと同じように
料理用あま酒の魅力を発信

　その後、舘野さんは、塩こうじに勝るとも劣らない、調味料としてのあま酒の可能性にも気づき、広く発信していきたいと思うようになります。
舘野　飲みものとしてもおいしいし、健康にもいいんですが、料理に使ったときに、新しい可能性を感じたんです。
浅利　塩こうじが塩、あま酒が砂糖、と考えるとわかりやすいかも。塩こうじもあま酒もこうじのパワーが生きているから、素材をやわらかくしたり、うまみを加えたり、調味料として優秀なのは間違いない。私がなにより気に入っているのは、食材のおいしさを引き出してくれるところ。エビならエビ、豚肉なら豚肉と、黒子のように味を引き立てて、味をまとめてくれるのよね。
舘野　そうなんです。料理に使うと、もれなくいいことがついてくる。あま酒にはアミノ酸やビタミン類など、体にうれしい栄養がたっぷり詰まっていて、カロリーはごはんの半分（81kcal／100g）。1日に1カップくらいを目安に摂るといいと思います。

こうじの力で
調味料がシンプルになる

　塩こうじとあま酒に共通するのは、食材をやわらかくする、うまみを加える、素材の魅力を引き出すこうじの力。これによって使う調味料が減り、工程も食材数も、よりシンプルになります。
舘野　自然の力だけでおいしくなるなん

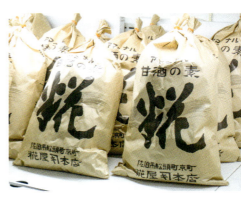

生こうじは冷凍で全国へ通信販売している。妙峰さんは、こうじが売れるのがなによりうれしいそう。

IDENTITY | こうじの個性を楽しもう。

て、すごく素敵なことだと思うんです。塩こうじやあま酒を使うと、驚くほど調味料の数を減らすことができるから、私の料理教室の生徒さんが、冷蔵庫のデトックスになると、うまい表現をしていました(笑)。

浅利 私は、まず塩こうじ一本勝負の味つけ。ほとんどそれで足りるから、味つけはどんどんシンプルになっていくの。

舘野 ふふふ、妙峰さんはやっぱり塩こうじ推しですね。

浅利 そうね(笑)。塩味の料理は、万国共通だから。でも、要は、こうじが活躍してくれればいいのよ。塩こうじもあま酒も、それこそ、みそやしょうゆも、どれもこうじチームの一員だから、今年は君が目立っているね、今度は僕の番だよ、なんて主役が変わりつつ、チームとしてずっと活躍してくれるのが、理想的。

ブームから定着へ
こうじの売り上げは急上昇

一般家庭でも外食産業でも、調味料として塩こうじを使うことが普及して、こうじの需要は、供給が追いつかなくなるほど回復しました。

舘野 実際のところ、こうじの売り上げはどうなんですか?

浅利 2016年は、あま酒業界だけで約120億円。この数字は、塩こうじが出る前に比べると、なんと100倍。ここ数年はずっと増えているので、こうじブームは続いているのよ。

舘野 そんなにですか? すごい!

浅利 うちでも、以前はこうじ作りは1カ月に2回くらいだったけれど、今は1年を通して週4回ペース。作っても作っても需要があるのは、ありがたいわね。

舘野 週に4回、それは、大変。

浅利 うちのこうじは基本的に手作りだから、手間はかかる分、元気がある。

舘野 なるほど、だからこそのおいしさですね。

浅利 みんなの思いが詰まっているからね。加えて、300年以上使い続けたこうじ室の中で、こうじ菌がいいこうじを育てるのも強み。こうじ業界は今、需要が高まって、材料のお米も足りなくなっているのが心配なくらい。

舘野 今はスーパーでも手軽にこうじが手

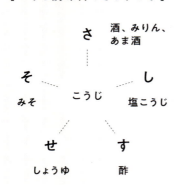

[こうじ調味料のさしすせそ]

- さ 酒、みりん、あま酒
- し 塩こうじ
- す 酢
- せ しょうゆ
- そ みそ
- こうじ

に入るようになりましたもんね。こうじは日本の大切な食文化だから、次世代へも伝えていきたいです。私は農家の生まれだから、お米の消費が増えるのもすごくうれしい。あま酒って、酒粕のイメージが強かったけど、最近は大手の酒造メーカーもこうじのあま酒を出してきたし、間違いなく主流は変わってきたなと。酒粕あま酒を否定するつもりはないけど、料理にはだんぜん、こうじあま酒のほうが使いやすいですね。

浅利　なんといっても、ノンアルコールで、砂糖なしのブドウ糖だから。

舘野　それはとても重要なポイントだと思います。子供に作ってあげたいとか、体にいいものを食べたいとか、健康意識の高い方たちが、特に興味を持っているように感じます。料理教室の生徒さんも、あま酒を手作りする人が増えてきているので、ブームとして終わらせずに、日常の食卓に浸透させたいですね。

浅利　応援しているから頑張って！　うちの講習会でも、みそを手作りしている人が増えているし、ますますこうじに追い風が吹いていると感じるの。

舘野　体にいいだけじゃなくて、なによ

「こうじ納豆」を作る。調味液で煮た具材にこうじを投入し、余熱で発酵させる。納豆、昆布、ごまを加えたら完成。

昭和22年の大火をまぬがれた、糀屋本店の前で。このあたりは船頭町といい、佐伯藩初代藩主が船頭を住まわせたのが由来。

りおいしいわけですから！

浅利 廃業を考えていたころに比べると、夢のような忙しさ。これからもっと、家庭の台所にこうじが活躍する場が増えて、昔のように、どんな町にもこうじ屋さんがあるようになってほしい。

こうじ納豆（上）と、長い間熟成させなくてもできるこうじみそ（下）は、浅利さん発案。

日本から世界へ
こうじ文化を広げるのが夢

　一時は廃れそうになったこうじ文化が、近年の食に対する考え方の変化によって見直され、塩こうじとあま酒の需要が拡大。日本のみならず、世界じゅうで当たり前のようにこうじが使われる、そんな未来への期待も膨らみます。

舘野 さっき、おみその話題のなかで、それぞれの家には長年培われてきた菌がある、という話になりましたけど、それは地域や場所にもいえることですよね。

浅利 もちろん！ みんなそれぞれ生まれ育った環境に適して生きているわけだから、理想をいえば地産地消。やっぱり

糀屋本店

元禄2年（1689年）より300年以上続くこうじ屋さん。無添加、無着色、大分県産の原料にこだわり、生こうじのほか、塩こうじ、甘こうじ、みそ、しょうゆこうじなどの製品を手がけている。

大分県佐伯市船頭町14-29　0120-166-355（土日・祝日を除く10:00〜15:00）9:00〜17:00　日曜・祝日不定

近くのこうじ屋さんで、地元の食材で作られたこうじを買うのが、体にも味覚にもいちばんだと思う。

舘野　赤ちゃんは、お母さんから腸内細菌を受け継ぐといわれているので、お母さんの生まれ育った地域のものが合うのかもしれませんね。そうやって、こうじ屋さんも、それを買った私たちも、元気になっていけたらいいですよね。

浅利　塩こうじを見つけたあのころ、痛切に感じたのは、こうじ文化が廃れていくのは、こうじ屋にも責任があったってこと。こうじの素晴らしさを発信せずに、使ってくれないと嘆いたり、食文化が変わったからしょうがないと諦めるばかりだったので。

舘野　妙峰さん、海外にも積極的に発信されていますよね。

浅利　最近は欧米だけでなく、南米やベトナムからも勉強に来てくださるから、それこそ、ノウハウや効果効能なども教えているの。こうじが支えている発酵調味料の文化は日本独特のものだけれど、その素晴らしさを世界じゅうに広められたら素敵じゃない？

舘野　私も国際交流の料理教室の講師を5年以上やっていますが、日本にいる海外の方の反応には驚きます。みそクラス、あま酒クラスなど、発酵クラスはとても人気がありますね。先日はフランス人のシェフが来てくれたんですが、調味できて、食感がやわらかくなる不思議な調味料があると感激していました。あと、アメリカのポートランドに本格的なみそを作っている友人がいて教えてくれたんですが、彼らにとってこうじはとても不思議な存在で、それを作り出せる日本人は、神秘的で魔法使いみたいだと。そう考えると、近いうちに、どの国にもこうじ屋さんがある、なんて時代がくるかもしれませんね。

浅利　それを目指して、お互いに広げていく努力を続けましょう。

舘野　ワクワクしますね。妙峰さん、これからもどうぞよろしくお願いします！

こうじ文化をもっと盛り上げよう！

Special Recipes from Koji shops

こうじ屋さんのあま酒レシピ

浅利妙峰さんをはじめ、こうじとあま酒の可能性を知り尽くした作り手3人にとっておきのレシピを教えてもらいました。
どれも身近な食材で作れて、その食材がうんとおいしく変身する料理です。

糀屋本店の4レシピ

あま酒効果で、短時間で味がしみる
こんにゃくのきんぴら

【 材料／4人分 】

糸こんにゃく…160g
にんじん…1/2本
あま酒…大さじ1と1/2
一味唐辛子…適量
ごま油・しょうゆ

【 作り方 】

1. 糸こんにゃくはあま酒をもみ込み、5分ほどおく。にんじんは細切りにする。

2. フライパンにごま油大さじ1を中火で熱し、糸こんにゃくをさっと炒める。にんじんを加え、火が通ったらしょうゆ大さじ1を回しかけ、仕上げに一味唐辛子を振る。

目をつぶって食べたら、アワビかも!?
しいたけのステーキ

【 材料／4人分 】

しいたけ…特大5枚
あま酒…大さじ2
塩・こしょう

【 作り方 】

1. しいたけはそぎ切りにする。

2. フッ素樹脂加工のフライパンを弱火で熱し、1を並べる。あま酒をまぶし、ふたをして火を通し、塩・こしょう各少々を振る。

私のレシピはシンプルよ〜

かたい食材もやわらか仕上げ
砂肝のから揚げ

【 材料／4人分 】

砂肝…270g

A
- **あま酒**…大さじ2と1/2
- しょうゆ…大さじ1と1/2

かぼすのくし形切り…適量
片栗粉・揚げ油

【 作り方 】

1. 砂肝はかたい部分をとり除き、ひと口大に切る。かたい部分は薄切りにする。混ぜ合わせたAをもみ込み、10分ほどおく。

2. 1の汁けを拭いて片栗粉を薄くまぶし、180℃の揚げ油でカリッと揚げる。器に盛り、かぼすを添える。

※炒める場合は、下味をつけたら、油大さじ1で炒め、一味唐辛子を振る。

あま酒の時短効果が炸裂!
アッという間漬け

【 材料／作りやすい分量 】

かぶ…1個
にんじん…1/4本

A
- **あま酒**…大さじ2
- 塩…小さじ1/2

【 作り方 】

かぶとにんじんは薄切り、かぶの茎はみじん切りにし、混ぜ合わせたAでもむ。

[紹介してくれたのは……]

糀屋本店
データは → P113

こうじ屋さんのあま酒レシピ

井上糀店の2レシピ

白いごはんがすすむ甘辛味
四方竹の あま酒からし漬け

【 材料／作りやすい分量 】

四方竹水煮…300g
塩こうじ…大さじ1
A
  ┌ あま酒…大さじ5
  │ しょうゆ…大さじ2と1/2
  └ からし粉…小さじ2

【 作り方 】

1. 四方竹に塩こうじをまぶし、ひと晩おく。
2. 混ぜ合わせたAと1をあえ、さらにひと晩おき、食べやすい大きさに切る。

四方竹（しほうちく）って？
おもに高知県で栽培されるたけのこで、名前は茎の断面が四角いことに由来。コリッとした食感、ほんのりした苦みが特徴。旬は秋、原産地は中国。

甘みと香りに疲れが吹き飛ぶ
あま酒ゆずドリンク

【 材料／1人分 】

あま酒・ゆずの搾り汁…各適量

【 作り方 】

あま酒にゆずの搾り汁を加える。

[紹介してくれたのは……]

井上糀店
高知県四万十町にある、1818年創業の手作りみそと糀の専門店。7代目の井上雅恵さんは、手作りみそ教室を開催したり、各種発酵食品を使ったレシピの発信も積極的に行っている。

㊐ 高知県高岡郡四万十町六反地21 ☎0880-22-8210（平日9:00～18:00）㊋9:00～18:00 ㊡土日・祝日

万葉あまざけ工房の2レシピ

あま酒の甘みとコクで本格派の味
オニオングラタンスープ

【 材料／2人分 】

玉ねぎ…2個
A
┌ あま酒…大さじ2
└ しょうゆ…大さじ1
バゲット（スライス）…2枚
とろけるチーズ…10g
パセリのみじん切り…少々
オリーブオイル・塩

【 作り方 】

1. 玉ねぎは縦に薄切りする。
2. フライパンにオリーブオイル大さじ1と1を中火で熱し、玉ねぎが透き通るまで炒める。Aを加えて煮詰め、水分が飛んだら水600mlを注ぎ、煮立ったら塩少々で味を調える。器に盛り、バゲットとチーズを順にのせ、230℃のオーブンで焼き目がつくまで焼き、パセリをちらす。

スフレアイスのようにふんわり！
甘酒チョコアイス

【 材料／作りやすい分量 】

あま酒…450g
ココアパウダー（無糖）…20g
生クリーム…200ml
ミントの葉（あれば）…適量

【 作り方 】

1. あま酒は鍋底が見えるまで煮詰め、温かいうちにココアパウダーを入れてよく混ぜ合わせる。
2. 1の粗熱がとれたら生クリームを加え混ぜ、容器に流し入れて冷凍庫で冷やし固める。器に盛り、あればミントの葉を添える。

[紹介してくれたのは……]

万葉あまざけ工房

2年前、村おこしとしてあま酒の製造を開始した工房。製造責任者の蕪城文子さんは、あま酒で健康になる人を目の当たりにして以来、その可能性に目覚め、あま酒レシピの普及も行っている。

宮城県黒川郡大衡村大衡字五反田3-11
022-344-2526　9:00～17:00　土日・祝日

IDENTITY | こうじの個性を楽しもう。

the variety of Amazake and Koji

ご当地あま酒 &こうじ

北海道から沖縄まで、どの地方にもあま酒&こうじ屋さんがあります。その土地、その蔵によって根づいている発酵菌が異なるので、味わいもさまざま。ここで紹介するあま酒は、砂糖・アルコール不使用です。

① 千代の甘酒
（米のさくら屋）

③ 無添加甘酒
（深瀬善兵衛商店）

② 万葉あまざけ
（万葉・あまざけ工房）

⑪ 甘酒の素「米糀」
（糀屋本店）

⑧ 糀発酵玄米「玄米がユメヲミタ」
（山燕庵）

④ こうじと井戸水だけの手づくりあま酒
（橘倉酒造）

⑥ 有機大吟醸あまさけ
（天鷹酒造）

⑫ 黒あまざけ
（忠孝酒造）

⑩ 生米こうじ
（井上糀店）

⑨ 赤米甘酒
（レッドライスカンパニー）

⑦ 甘酒の素
（石黒種麹店）

⑤ 明神甘酒
（天野屋）

スーパーで手に入れるならこのこうじ

全国 抜群の安定感！
プラス糀 米こうじ
（マルコメ）

みその老舗として、こうじを作り続けてきた150年超の技術が光る、ほぐさず使える乾燥米こうじ。オープン価格(300g)

① 北海道

無農薬の「ゆめぴりか」を使用

千代の甘酒（米のさくら屋）

北海道の「ゆめぴりか」米は、ほどよい粘りと豊かな甘みが特徴。その専門店であるお米屋さんが昔ながらの伝統製法で作るあま酒は、アイガモ農法・無農薬栽培のゆめぴりかの新米をぜいたくに使用。東京・青山の「ファーマーズマーケット」でも人気。左から¥1,180（900㎖）、¥840（500㎖）

☎011-789-1115　http://www.yumepirika.com

② 宮城

各種フレーバーもラインナップ

万葉あまざけ（万葉あまざけ工房）

製造責任者の蕪城文子さんは、実家のつくり酒屋での経験と知識から、あま酒に最適なこうじを厳選。時間をかけてじっくりとこうじの甘みを引き出したあま酒は、濃厚ながらすっきり飲みやすい。宮城県産フルーツを使用したタイプも。左から¥1,080（900㎖）、¥1,382（900㎖）、¥1,480（720㎖）

☎022-344-2526　http://ohirakan.com

③ 山形

老舗こうじ屋さんの手作りあま酒

無添加　甘酒（深瀬善兵衛商店）

江戸時代は天保年間の1841年に、糀屋善兵衛として商いを始めたという深瀬善兵衛商店。その老舗こうじ屋さんが今のあま酒を作り始めたのは、明治後期のこと。以来、守り続けている製法で作られるのは、自然の甘みが生きた無添加のあま酒。1.5倍程度の濃縮タイプ。¥390（400g）

☎023-622-2360　http://www.kanetyou.net

④ 長野

千曲川の伏流水を使用

こうじと井戸水だけの手づくりあま酒（橘倉酒造）

創業340年超、佐久の蔵元・橘倉酒造が作るあま酒は、故・高倉健さんが長年愛飲し、サッカー日本代表の長谷部選手もサプリメント代わりに飲んでいるという逸品。千曲川の伏流水の井戸水だけを使用。左から¥594（450g）、¥1,026（950g）

☎0267-82-2006　http://www.kitsukura.co.jp

IDENTITY

こうじの個性を楽しもう。

⑤ 東京

江戸時代から愛される庶民の味

明神甘酒（天野屋）

1846年（弘化3年）より東京・神田明神の門前に店を構える天野屋は、江戸の昔から、庶民の健康に欠かせない貴重な甘み源としてあま酒を製造販売してきた。原料は、創業当時からある地下6mの土室（むろ）で作られたこうじをもとに、生成熟成させたものだそう。¥842（350g）

☎03-3251-7911　http://www.amanoya.jp

⑥ 栃木

粒のない、なめらかなタイプ

有機 大吟醸 あまさけ（天鷹酒造）

大吟醸酒と同じく、お米の芯の部分だけを使ったこうじと水のみで作る、酒蔵ならではのぜいたくなあま酒。米は地元の契約農家の有機米を使用。こうじは30ミクロンまで微粉砕しているので、飲みやすく、さらりとしてなめらか。日本・アメリカ・EUの有機認証を取得。¥810（300㎖）

☎0287-98-2107　http://tentaka.co.jp

⑦ 富山

こうじのもと、種こうじ屋さんのあま酒

甘酒の素（石黒種麹店）

こうじ作りに欠かせない「種こうじ」を作る種こうじ屋さんは、全国でもわずか10軒ほどで、石黒種麹店は北陸地方唯一の店。自社の種こうじを原料にして作られた濃厚なあま酒の素は、倍に薄めると「飲むあま酒」に。そのままの濃度なら、料理に使うのにぴったり。¥950（500g）

☎0763-52-0128　http://www.1496tanekouji.com

⑧ 石川

クリーミーな舌触りと味わい

糀発酵玄米「玄米がユメヲミタ」（山燕庵）

山燕庵は能登半島の農業生産法人。農薬・化学肥料に頼らない自然循環型の農法で、安全とおいしさを追求。原料の玄米には、自社のブランド米「コシヒカリアモーレ石川県産玄米」を使用。クリーミーでやさしい甘みが特徴。¥1,469（490㎖）

☎03-3576-1117　http://sanenan.com

⑨ 岡山

赤米を使ったピンク色のあま酒

赤米甘酒（レッドライスカンパニー）

赤米は、岡山県総社市に伝わる伝統的な米。おめでたい色であることから、古くからハレの日に使われてきた。その伝統を受け継ぐ品種「あかおにもち」を使用したあま酒は、玄米のまま使っているため、ほのかにピンク色。赤米由来のポリフェノールも含んでいる。¥400（参考価格、250g）

☎0866-90-3117　http://www.redrice-co.com

⑩ 高知

四万十で作られる昔ながらの生こうじ

生米こうじ（井上糀店）

創業200年の老舗を継ぐ井上雅恵さんは、日本の古きよき食文化を守りたいと、エンジニアから家業へと転職。薪を使い、かまどと木桶で蒸し上げ、こうじ室の中の室板でじっくり製麹（せいぎく）するという、昔ながらの製法を守り続けている。こうじは乾燥させていない生タイプ。¥400（300g）

☎0880-22-8210　http://inoue-kouji.com

⑪ 大分

こだわるのは九州産原料

甘酒の素「米糀」（糀屋本店）

大分県佐伯の地で、創業して300年以上使い続けてきたこうじ室に息づくこうじ菌と、職人たちの手によって大事に見守られて育つ糀屋本店の生こうじは、パワフルな生命力を宿す。使い切りタイプの「喜助こうじ」も人気。材料には厳選した大分県米を使用。¥1,000（500g）、¥1,800（1kg）

☎0120-166-355　http://www.saikikoujiya.com

⑫ 沖縄

世界初！　黒こうじ菌で沖縄ならではの味

黒あまざけ（忠孝酒造）

米こうじ文化のない沖縄で2012年に誕生したのが、泡盛を作るための黒こうじ菌を用いたあま酒。泡盛の蔵元ならではのユニークな発想は、「むらおこし特産品コンテスト」で経済産業大臣賞を受賞したほど。黒こうじ由来の酸味と米の甘みのバランスが絶妙な味わい。¥1,008（720mℓ）

☎098-850-1257　http://www.chuko-awamori.com

みんなが知りたかった！

Cooking amazake Q&A

料理用あま酒 Q&A

上手にできなかったときの対処法や、
あま酒ならではの素朴な疑問、
料理教室でよく受ける質問など、
気になるあれこれを集めてみました。

Q 生こうじと乾燥こうじどちらがいいの？

A 最初は乾燥こうじがいいでしょう。

生こうじは、作り手の個性が現れていて魅力的。でも、保存状態によって雑菌が増殖したり、品質が変わったりすることも。コツがつかめるまでは、使いやすい乾燥こうじがおすすめです。栄養的には大きな違いはありません。

Q こうじはどこで買えばいいの？

A スーパーでも手に入ります。

最近はあま酒を手作りする人が増え、一般的なスーパーでも手に入るようになりました。近くのこうじ屋さんを探す、あるいはネットで注文する手もあります。使うこうじによってできあがりの味も微妙に違うので、いろいろ試してお気に入りを見つけてください。

Q 甘くならないときはどうすればいいの？

A 鍋に移して温め、再度60℃にします。

あま酒を上手に甘くするには60℃程度を保つことが大切ですが、気温や保温ボトルによっては、途中で温度が下がりすぎてしまうことがあります。鍋に移して弱火にかけ、60℃にしてから保温ボトルに戻し、2〜4時間おいてみましょう。ただし、70℃以上で菌が生み出した酵素が失活し、でんぷんを糖に分解できなくなるので、温度の上げすぎには注意が必要です。

Q あま酒を常温で
保存できないのは
なぜ？

A 発酵が進んで
味が変わって
しまうからです。

あま酒は、菌が活動しやすい常温におくと、どんどん発酵が進みます。すると、乳酸菌が増えて、どんどん酸っぱくなってしまいます。また、雑菌の増殖も心配なので、冷蔵、もしくは冷凍で保存しましょう。

Q 調理に市販の
あま酒を使っても
いいの？

A こうじと米だけで
作られた無添加の
ものならOK。

この本のレシピは、こうじと米で作られたあま酒なら代用できます。ただし、製品によって甘さやとろみが違うので、分量を調整しながら好みの味に仕上げましょう。塩分が加えられている場合は、塩加減をみて使いましょう。

Q 酸っぱくなった
あま酒はどうすれば
いいの？

A そのまま調味料に
使えます。

酸っぱくなったとはいえ、発酵が進んだだけで腐ったわけではありません。その酸味を生かして調味料にしたり、漬け床にするのもおすすめです。

Q 酒粕のあま酒は
調理に使えないの？

A 味わいが異なるので、
この本のレシピには
合いません。

酒粕は日本酒を作るときにできるものなので、微量ながらアルコールが含まれています。また、甘みが砂糖由来であること、酒粕が独特の風味をもつことにより、料理の仕上がりも別ものになってしまいます。

Epilogue
おわりに

　あま酒の調味料としての可能性、感じていただけましたでしょうか？
　じつはこの本を企画したとき、あま酒の本はこれで最後、この本を私の集大成にしようと思っていました。というのもここ数年、まるで恋をしたかのようにあま酒に夢中になり、新しいレシピを考えては発表し、もうやり残したことはないのではないか、と考えていたのです。
　ところが、です。今回この本を制作していく過程でさまざまなレシピを考え、あらためて試食してみたら、新たな驚きがありました。手前みそかもしれませんが、もっとたくさんの方に知ってほしい！と思うほど、どれもがおいしい。撮影に関わってくださった方々の評価も、想像以上のものでした。あま酒ってすごい、まだまだ知らない可能性があるに違いない、もっと伝えるべきではないか、と気づいてしまったのです。
　さて、どうしよう……と思っているところに、私が

あま酒に魅了されるきっかけとなった、糀屋本店の浅利妙峰さんとじっくりとお話をする機会をいただきました。妙峰さんのこうじへの情熱を感じ、私も、なにも区切りをつける必要はないんだ、微力ながら私なりにあま酒やこうじの魅力を伝えていきたい、と素直に思えるようになりました。これからも発酵食品の研究を続け、新しいアイデアをどんどん発信していきます。
　最後になりますが、糀屋本店の浅利妙峰さんとスタッフのみなさま、井上糀店の井上雅恵さん、万葉あまざけ工房の蕪城文子さん、いつも学術的見地からアドバイスをくださる宮城大学の金内誠先生、東京農業大学の前橋健二先生、ご協力いただいたすべての方々に感謝を申し上げます。そして、数ある料理本の中から、この本を手に取ってくださったあなたにも。どうぞ、あま酒料理でおいしい食卓を囲んでください！
　心からありがとうございました。

2018年2月　舘野真知子

舘野 真知子（たての・まちこ）

管理栄養士として病院に勤務したのち、アイルランドに料理留学。帰国後、「六本木農園」の初代シェフを務めながら、日本の伝統的な食文化を現代の形に合わせてつなぐワークショップなども企画運営する。現在は、発酵料理をキーワードに、料理の楽しさや食べることの大切さを、栄養・文化を通して伝える活動をしている。

STAFF

撮　影	押山智良
取　材	諸井まみ
スタイリング	伊藤美枝子
料理アシスタント	高野忍　赤津しのぶ　izumi
アートディレクション	川村哲司(atmosphere ltd.)
デザイン	平山みな美(atmosphere ltd.)
編　集	平井茜
協　力	株式会社グラムスリー
	キッチンスタジオリーフ

料理用あま酒、はじめました。

2018年2月20日 初版1刷発行
2020年9月15日　　　2刷発行

著　者	舘野真知子
発行人	田邉浩司
発行所	株式会社 光文社
	〒112-8011 東京都文京区音羽1-16-6
	☎ 03-5395-8172（編集部）
	☎ 03-5395-8116（書籍販売部）
	☎ 03-5395-8128（業務部）
印刷所	半七写真印刷工業株式会社
製本所	株式会社フォーネット社

落丁・乱丁本は、業務部へご連絡くだされば、お取り替えいたします。

R＜日本複製権センター委託出版物＞
本書の無断複写複製（コピー）は、著作権法上での例外を除き禁じられています。本書をコピーされる場合は、そのつど事前に日本複製権センター（☎ 03-6809-1281 ／ jrrc_info@jrrc.or.jp）の許諾を得てください。本書の電子化は、私的使用に限り著作権法上認められています。ただし、代行業者等の第三者による電子データ化および電子書籍化は、いかなる場合も認められておりません。

©Machiko Tateno 2018　Printed in Japan
ISBN978-4-334-97981-2

※本書に掲載している商品の価格は2018年2月現在のもの（税込み）です。